下田直人

人が集まる会社　人が逃げ出す会社

講談社+α新書

はじめに

私は東京で、社会保険労務士（以下「社労士」という）の仕事を2002年からやってきた。社労士は会社の顧問として、人事・労務のことについて、法律面や実務面からアドバイスしたり、就業規則や人事規程などを作成する仕事だ。

私はとりわけ、就業規則の作成を得意としてきた。幸い本も数多く出版することができ、今日に至るまで1000社以上の会社とお付き合いしてきた。

当初は就業規則を整備することを通じて、会社をよりよくするお手伝いをすることが仕事の中心だった。私が就業規則を作成し始めた頃は、就業規則は役所へ提出する義務があるため、形式だけつくっているという会社がほとんどだったのだ。

一般的な社労士の仕事は、法的な面からのアドバイスが多い。しかし私の場合は、就業規則から始まり、徐々に法律面にとどまらず、いい社風、風通しのいい組織づくりの仕事を依頼されることが多くなっていった。

それはちょうど、従来の家族的な日本型経営に批判が集まり、成果主義に流れが傾いた時期でもある。さらに正規・非正規、同じ職場の中にさまざまな雇用形態の人が混在するようになったこともあり、よそよそしい雰囲気の職場も増えた。そうした傾向に対し、このままだとまずいと感じる経営者も増えてきたのだ。

それはつまり**「人が集まる会社」をどうつくるか、**を経営者が考え始めたということであった。

そこから私の課題・興味は、法律面を超えたところに移っていった。「人が集まる会社ってどんな会社なんだろう？」「それを永続させるにはどうすればいいのだろう？」と考えるようになってきた。

そして、２０１５年から、社労士の仕事は10分の1くらいに減らし、沖縄に移住した。現在は、沖縄と東京を行ったり来たりしながら、会社のクレド（企業の信条）づくりや、会社の未来の姿を考える「未来会議」ファシリテーション、経営者やフリーランサーのコーチングなどを仕事とするようになった。

いわば、「人が集まる会社」を考える仕事に、より比重を置くようになったのである。

いま、世の中はすごい勢いで、しかも大きく変わっている。企業を巡る状況も同じだ。

前述した職場の変化もある。また昨今では、人手不足に加え、働き手の意識の変化で、少しでも法律違反があったり、労働環境に問題があれば、ブラック企業と名指しされ、さらに人が集まらなくなった。

売るほうも同じだ。消費者の成熟化により、単純にはものが売れなくなった。いままでのように製品、サービスを提供しているだけでは、消費者に訴求できない。ＳＮＳの普及も大きい。いい情報も悪い情報も瞬時に全世界を駆け回る時代となった。いまの時代、自分たちのいる会社がどんな会社なのか、どんな思いを込めて製品をつくり、サービスを提供しているのか、企業風土を含めてアピールしていかなければ、消費者に認めてもらえないようになってきた。

つまり、人が集まらない会社は、人材が集まらないだけでなく、そのまま製品・サービスの売り上げや会社の利益にも悪影響を及ぼすという時代になっている。

では、人が集まる会社とはどんな会社なのだろうか。

その答えを探して、多くの会社を見て、多くの経営者と話をした。

ヒントは、**「経験」とそこで得られる「感情」**にあった。

少し前に「モノより思い出。」という車のＣＭがあったが、物質的なものに満たされた現代社会では、経験そのものや、経験から得られる感情に価値を置く時代にシフトしている。

消費者は経験を買う時代になった。働く人も同じだ。単にお金のためだけに働くのではなく、働くことで得られる体験や、そこに関わることで得られる感情を求めるようになってきている。

考えてみたらこれは当たり前のことだ。「消費者」と「労働者」という2種類の人間がいるわけではない。同じ人である。消費者として、経験から得られる感情に価値を置くならば、働くときも、経験から得られる感情に価値を置くようになる。それは、仕事そのものの経験、給料をもらうという経験、職場で人とつながるという経験、仕事を通して社会をよりよくしているという経験などだ。こういった経験から得られる感情に価値を置く。

もちろんここで得たい感情とはプラス（快）のものだ。そうした感情は、感動する経験、気分が高揚する経験、人とのつながりを感じられる経験、心が温かくなる経験などから生みだされる。

そしてそうした経験ができる会社に、顧客も従業員も集まってくる。そういう会社が選ばれる時代になったのだ。

そのような視点から見ていると、業績や従業員数といった具体的な数字では表せない基準が見えてきた。それが**「人間らしい心を感じられる会社」**か、**「人間らしい心が感じられない会社」**か、という基準である。

さらに、その基準から見ると、世の中には大きく2種類の会社が存在することもわかってきた。ひとつは、**「人の心を温める会社（以下、「温める会社」）」**、もうひとつは**「人の心を冷やす会社（以下、「冷やす会社」）」**だ。

「温める会社」と関わっていると、こちらの心まで温まってきて、その会社ともっと関わっていきたいという気持ちになる。

一方、「冷やす会社」は、真逆の雰囲気を醸《かも》し出している。一度関わると、逃げ出したい、もう二度と関わりたくないと思ってしまうような会社だ。

そして私は、多くの会社を見ることで、これからの「人が集まる会社」とは、従業員も顧客も幸せにし、そして、経営者自身も心穏やかでいきいきとした人生を送る、そんな「温める会社」なのだと確信するようになった。

本書では、「温める会社」「冷やす会社」の事例、そして、どうすれば温める会社になり、人が集まる会社になるのか、具体的な事例を通して明らかにしてみようと思う。

※本書内では、筆者顧問先をはじめ多くの実会社の事例を盛り込んでおりますが、会社様の希望、関係先への配慮などを勘案して基本的に社名を伏せる形で統一させていただきました。その点、ご了承いただけましたら幸いです。

目次

第2章　負が連鎖する冷やす会社

第3章　温める会社にはこんな特徴がある

第4章　ここが危ない！　冷やす会社に陥る落とし穴

第5章　温める会社はクレドから始まる

第6章　温める会社の社内ルール

第7章　良心が発揮される仕組み

第1章　人が集まる会社はすでに気づいている

「温める会社」と「冷やす会社」の違い

私が社労士として働いているうちに気がついた2種類の会社、「温める会社」と「冷やす会社」の違いは、仕事内容、業種、社歴、規模とはほとんど関係ない。直近の業績だけ見れば圧倒的に儲かっている会社でも、もう二度と近寄りたくなるような「冷やす会社」が結構ある。一方、「あまり儲かっていないんですよ」と言いながらもいい空気感の会社もある。

たとえば、窓が多く陽がよく入るといったオフィスの環境は関係するかもしれない。労働条件の良し悪しも多少はあるだろうが、「温める会社」の中には残業が多かったり、休日が少なかったり、けっして労働条件的にはいいとは言えない会社もある。

それよりも、**2種類の会社で決定的に違うのは、「人の心が感じられるかどうか」という部分**だ。つまり、その会社が本気で相手のことを思いやっているか、そして、そのことを口に出すだけではなくて、態度で示しているかどうかということだ。それは対従業員、対顧客、対取引先、相手を問わない。こうした会社に接すると、こちらにまで優しさや感謝の気持ちが伝染し、もっとこの会社とお付き合いしたいと思うようになってくる。

一方の「冷やす会社」には、「人の心が感じられない」。たとえば、取引先や出入りする宅配便などの業者さんに対して横柄な態度が滲《にじ》み出たり、従業員間での挨拶がなかったり、**人の判断基準が「こいつは使えるか使えないか」しかなかったり**する。また、何か問題があれば、対外的には損害賠償、対従業員であれば懲戒処分をちらつかせる。顧客に対しても自分たちの利益が優先であり、カネになるかどうかが判断の主要なポイントになっている。そんな、人を思いやったりする心が感じられない会社だ。そういう会社は、関わる人の心をどんどん冷たくしてしまう。体を冷やしてくれる会社は夏ならば大歓迎だろうが、心を冷やされるのはつらい。

そうした会社には、表面的には明るく見えるところもあるが、ふとした瞬間に裏にある冷たさを感じる。たとえば、社長が私と話しているときは笑顔でも、部下と話すときに何の感情もこもっていない目をしている瞬間を見てしまったときなどだ。取引先も、そうした会社とは必要最小限の付き合いになる。

なぜ人が集まるのか

いまは人手不足の時代だ。どの会社でも人材の確保に苦労している。もともと人が集まりにくいことに加えて、簡単に辞めてしまう。また、残業に対するイメージも極端に悪くなってきており、法律違反でなくても残業は悪という風潮になってきている。

そうした中、本書で紹介する「温める会社」の中には、残業が多かったり、休日が少なかったりと、けっして条件はよくないにもかかわらず、人が容易にたくさん集まってきているところが多い。そして、勤めた人も辞めない。取引先や仕入れ先からも人気があり、「ぜひ、あの会社ともっと仕事がしたい」と担当者レベルでその会社のファンが多い。

たとえば、都内にある従業員数約250名の卸売業のMX社だ。MX社は、その業界では日本でトップのシェアを誇り業績も素晴らしい。

MX社のいまの財務部長は、数年前に40代前半で中途入社してきたKさんだ。それまでの部長の定年退職に伴って採用された。Kさんは前職では、上場企業の若き財務部長だった。Kさんは、おそらく前の会社にいても、そのまま出世していっただろう。しかしその道を蹴ってMX社に入社したのは、MX社の「温める会社」体質に触れたからだった。もちろん、財務面や取扱商材の将来性なども加味してであろうが、理念に基づく体質に惹かれた面が大きかった。

Kさんは、MX社の経営者が面談の際に話した、会社や経営者だけの利益を追い求めず、従業員や顧客、地域を幸せにしていきたいという会社のあり方に共感した。また、口だけではなく、実際にそのために行動している姿に心が動き、入社を決意したという。

こんなことが、「温める会社」では当たり前のように起こっている。

人はみんな幸せになりたい

「温める会社」というと、それって「〝ぬるま湯〟のような楽な会社のことじゃないの？」と思う人もいるかもしれない。他人にも優しいけれど、自分たちにも優しい会社。だから業績も低迷しがちの会社。しかし本書の**「温める会社」というのは、そうした「生ぬるい会社」のことではない。**人の心にダイレクトに訴えかけてきて、プラスの感情を呼びおこしてくれる会社だ。

私がそれに気づいたのは、多くの会社でクレドづくりの研修をするようになってからだ。

クレドというのは、その会社の指針、従業員の行動規範となるような信条をいう。仕事などで判断に迷ったときには、クレドに立ち返ることで、行動を過《あやま》らずにすむものだ。たとえばA社とB社、ふたつの会社と組む道があった場合、A社と組んだほうが売り上げは上がりそうだとする。しかし、クレドに従うとB社との連携がベターだった場合、B社と組むほうを選択する。だからこそ、クレドにはシンプルなものが望まれる。

そのクレドづくりの研修では、私はその会社の経営者、従業員を問わず、よく次のような質問をする。

「あなたはどうなりたいですか？」

自分のなりたい姿、立ちたい場面を想像してもらうのだ。あなただったらどう答えるだろうか。

ここで、「家族と楽しく暮らしたい」と答える人がいると、「なぜ、家族と楽しく暮らしていきたいんですか？」とさらに問いを重ねる。すると、「子供の成長をこの目でしっかりと見たいからだ」とその人は答える。さらに「なぜ、子供の成長をこの目でしっかり見たいんですか？」と聞く。こうして質問と答えを繰り返していくと、最後はみんな同じ答えに行き着く。

それは、「幸せになりたい」ということだ。この答えは経営者でも、従業員でも同じである。

そこで2番目に次のような質問をする。

「あなたが幸せになるためには、どうすればいいですか？」

これもどんどん質問と答えを繰り返すと、最後はみんな同じ答えになってくる。

それは、「他人の役に立つ」「他人のために何かする」ということだ。

つまり、**人はみんな幸せになりたい。そしてそのためには、他人の役に立つことをするべきだ、ということを知っている**ようである。

その経験から、私は、本来の人の心は、「他人に優しくしたい」「困っている人がいたら助けたい」「悲しんでいる人がいたら慰めてあげたい」という「善」の気持ちなんだと信じるようになった。私はそれを「人間本来の心」と言っている。

他人の役に立つことが幸せに通じるということについては、年輪経営で有名な伊那食品工業の塚越寛会長も著書の中で、「人から感謝される幸せが、最も幸福感を得られるのではないかと思います」（『「いい会社」ってどんな会社ですか？――社員の幸せについて語り合おう』日経BP社）と書かれている。経営と幸福の追求をされてきた経営者の言葉には深い意味がある。

良心というもの

時を同じくして、私はあるご縁から、儒学の権威として知られている難波征男先生（福岡女学院大学名誉教授で大阪で咸生《かんせい》書院という私塾を運営されている）から、儒学のひとつである「陽明学」を1年間にわたってじっくり学ぶ機会を得た。

陽明学をはじめ儒学の中では、「良知」という言葉が出てくる。人は誰しも「良知がある」というのだ。「良知」とはわかりそうで、なかなかわかりにくい言葉だ。私は、難波先生から「良」の字を「本来の」という言葉に置き換えるとわかりやすいと教えていただき、その言わんとしていることがすっきりと腹に落ちた。

つまり、「良知」とは「本来知っていること」。**人間が生まれながらにして誰に教わらずと**

も知っていることが「良知」だというのだ。つまり、誰でもが生まれながらに持っているものだ。そして、**「良心」とは人が教わらずして持っている「本来の心」**だ。

人は誰しも、「こんなときはこうしたほうがいい」と知っていることがある。その知っているものが「良知」だ。そして、「そうしたほうがいい」と自分が知っている通りに行動したいと思う心が「良心」だ。

良知は、「人には優しくしたほうがいい」「悲しんでいる人がいたら慰めてあげたほうがいい」「困っている人がいたら助けてあげたほうがいい」と知っている。

考えてみれば、確かにそうである。我々は、電車の中で立っているのも大変そうなお年寄りを見かけたら、席を譲ろうという気持ちが芽生えてくる。この芽生えてくるものは、誰かに教わったものでも、後天的に身につけたものでもない。自分の中から内発的に出てきたものだ。一方で、そういう気持ちが芽生えてきても、いつもその通りにできるものではない。「今日は自分も疲れているし」「席を譲って、相手から断られたらかっこ悪いし」。そんなことを思って譲らないこともある。しかし、行動できるかどうかは別として、そういう気持ちが芽生えることは事実だ。そして、これらのことは誰かに教わったものではない。生まれながらにして備わっているものである。その「良知」に従いたいという心が「良心」だ。

これは人間の本能と言い換えてもいいかもしれない。ある本に載っていたが、赤ちゃんであっても、人を思う気持ちがあるらしい。赤ちゃんの前でものを落とすと、その赤ちゃんは拾ってあげようとするという実験結果があるそうだ。

そして、**良心の通りに行動できたとき、自分の心が温かくなったり、清々しい気持ちになったりする。**つまり「快」を得る。

そんな**感情的経験がたくさんできる会社が、これから「人が集まる」会社になる。**私のいう「温める会社」とは、そうした感情的経験がたくさんできる会社のことだ。

コラム　やんちゃな子でもわかる良知の働き

沖縄には、御嶽《うたき》と呼ばれ、お祈りを捧げる場所が至るところにある。

先日、公園を散歩していたときのことだ。公園の中にある御嶽で3人の女性がゴザを敷き、その前でお祈りをしていた。

その近くをいかにもやんちゃをしていそうな感じの高校生が5人くらい通りかかった。大きな声で馬鹿話をし、ふざけながら歩いている。

その彼らが、御嶽の近くを通りかかったとき、お祈りを捧げている女性に気がつき、誰が何かを発することもなく、自然と静かになったのだ。そして、黙ってその前を通り過ぎていった。

誰かが「静かにしなさい」と言ったわけでもない。自然と、静かになる。

つまり、このつい静かにしたくなってしまう気持ち、これこそ「良知」の働きだ。良知は、「この場は静かにしたほうがいい」ということを知っている。

良知は、何に反応して「静かにしたほうがいい」と感じ取ったのだろうか。私が思うに、これは「気」に反応したのだと思う。祈りを捧げていた彼女らが、仮にふざけながら祈っていたら、おそらくやんちゃな彼らは馬鹿騒ぎしながら、その前を通り過ぎただろう。しかし、彼女らの真剣に祈っている、そこから出ている空気感に反応して「静かにしたほうがいい」と察したのだと思う。

良知とは、難しいことではなく、誰でも持っており、日常的に誰でも発揮している「教えられなくても知っている」こんなことなのだ。


「本物の時代」


先日、時を同じくして、偶然にも同じことを2人の方から聞いた。一人は上場企業の経営者。もう一人は中国人の大投資家だ。

それは「これからは本物の時代だ」ということだ。偽物は簡単に見破られ、本物は勝手にどんどん広まっていくという。

どういうことかというと、自社が儲かることが一番だと考えている会社は、テクニックでそれが見透かされないようにごまかしても、いまの消費者は、彼らの動機をいとも簡単に見破るということだ。

一方で、消費者のためを思って、本物の素材、真心こめてつくったものも、目の肥えた消費者は見つけるのがうまくなった。そして、ＳＮＳによっていい評判も悪い評判も一瞬にして拡散されていく。だから、**本物をつくっていれば、結局はお金も労力もさほどかけず、どんどん広まっていく**という。

そんな話であった。

また、本物の時代とは、生き方も本物を知ることだと思う。それはつまり、**人が本気で幸せを求める時代になってきた**ということだろう。

言い換えると、お金は目的ではなく、あくまで手段と考える時代になってきたということだ。お金は幸せになるための手段、だから、違うことで幸せを感じるならば、お金はそれほど必要ではないと感じる人が多くなった。私はいま、沖縄に住んでいるが、沖縄の暮らしの中では特にそのことを実感する。実際沖縄には、東京で活躍し一度は経済的にも成功を収めたが、その暮らしを捨て移住した人がたくさんいる。彼らは、お金の重要性を認識しつつも、それにとらわれることなく、幸福を実感している。

そんな本物の時代には、精神的豊かさが感じられる会社こそが生き残っていくと私は考えている。具体的なことはのちほどお伝えしたい。

温める会社がやっていること

温める会社は、経営者と従業員、従業員同士が家族のような付き合いをしていることが多い。具体的には、社員旅行や社内運動会をやっていたり、飲み会を定期的に開き、従業員の家族や恋人のことなども上司が事細かに知っていたりする。

いま、世の中の風潮としては、会社が従業員のプライベートのことには極力立ち入らないことが多いだろう。そういう意味では、温める会社はまるで時代に逆行しているかのようだ。

会社と従業員が家族的な付き合いをしているというと、「ひと昔前の日本の企業の姿じゃないか。珍しいことは何もない」という声が聞こえてきそうだ。

確かに一見すると昔と同じような感じがする。しかし、精神は変わらなくても現代風に進化しているというのが正解だ。

たとえばG社では、毎週1回、昼食を従業員全員で取る。費用は会社負担。外部から調理する人に来てもらい、無農薬、無添加の体にいい食材にこだわった食事を提供している。従業員の平均年齢が20代という、まだ若い会社であり、独身で一人暮らしの従業員も多いが、健康に気遣っている人も多く、なかなか好評だ。みんな健康なご飯につられて集まってくる。そして、その場では会話が弾み、お互いのことをよく知るようになる。プライベートのこともよく語り合う関係になっている。

ここには、「健康」という概念が加わっている。確かに、お昼になると近くの弁当屋から弁当が届けられ、休憩室でみんなで食べるような会社は昔からあった。しかし、これはどちらかというと、「会社の近くに食べるところがないから」「食費代を安くあげるため」という、便宜上の視点からなされていることが多かった。それに対してこの会社は、「従業員の健康」という視点からスタートしている。健康を維持するために、体にいい食事を取って、そのついでに会話も弾み、お互いの関係性を高めていこうというものだ。「心身の健康」を育んでいくとも言えるかもしれない。

ドイツの哲学者ヘーゲルは、「螺旋《らせん》的発展の法則」として、物事の進化・発展は、直線的ではなく螺旋階段を登るように発展していくと言っている。

螺旋階段は、同じところをぐるぐる回りながら上へと登っていく。螺旋階段を登っていく人を真上から見ているとすると、高さがわからないので同じところをぐるぐる回っているように見える。けれども、確実に上へと登っているのだ。

私は、組織の中の関係性についても、同じような発展を遂げるのではないかと考えている。

日本の職場は、かつてはお互いを知り合い、思いやりを持つ家族のような組織だった。そこにはつながりを大事にして、一体感が得られた。みんなで助け合いながら共に成長してきた。精神的な居場所がある会社のよさがあった。しかし、一方でそこでは、組織が優先されるあまり画一的になったり、個々人のライフスタイルは多様化しているのに、会社内ではそれが制限され窮屈さを感じるようになってきた。

そこで、プライベートには関わらない、職場とプライベートを分けていく組織が主流になった。しかし、今度はそれがいきすぎて、都会のマンションのように、隣の席の人がよくわからない、そんなつながりが希薄な場所となってしまった。それが原因で、社内で孤立し精神的に病んだり、意思疎通がうまくいかず仕事に支障をきたすなどの問題が出てきた。

そこでまた、人と人とのつながりを重視する組織が主流になっていく。しかし、その内容は昔に戻るのではなく進化している。そこでは、昔のように個々人の多様性を認めないような家族主義になることはない。人から選ばれる会社は、この流れに合っており、意識的か無意識かは別としてそういう組織文化になっている。

なぜか奇跡が起きる温める会社

温める会社にはたくさんの奇跡も起きる。

以前、都内にあるS社の50周年記念の一環で行われたプロジェクトのファシリテーションをさせてもらった。幹部社員6名が出席し、今後50年のビジョンを考えるプロジェクトだ。1年にわたり毎月1回ミーティングを行った。その中で、「業界ナンバーワンになる」ということを決めた。そして、業界ナンバーワンとは何をもって言うのかを時間をかけて議論した。その結果、「働きがいナンバーワンになる」とした。「働きやすさ」ではなく「働きがい」である。そして、そのためには何が必要かをさらに議論し、その中のひとつとして、5年後の売り上げ30億円というのを決めた。当時の売り上げは16億円くらいだった。すでに成熟している会社であり、急成長は望めないはずであった。参加したメンバーも「本当にできるかな？」と半信半疑だった。

しかし、蓋を開けてみると、たった2年で目標の30億円にほぼ達してしまった。

あるとき、幹部社員の一人が、「あの1年間のミーティングがあったから30億円までこられた。あれがなかったらいまの成果はないと思う」と話してくれた。確かに要因のひとつとしてそれはあると思う。30億円という数字を明確にしたことによって、メンバーが「そのためにはどうすればいいのか？」という発想になった。達成したときの姿がイメージできた。しかし、それをいとも簡単に実現してしまった背景には、その数字をいまの仲間と一緒に実現したいという想いがあったと思う。また、この会社と一緒に何かをやりたいという人を引き寄せる力が働いていたのも事実だ。

この会社は社長を中心に社会貢献活動にも積極的だ。災害のボランティア支援も継続的に行っている。いまでも東日本大震災の支援活動のためのイベントをほぼ毎月行っている。その他に障害者や地域活性のための支援活動も行っている。どれも打算があってやっているのではなく、純粋な気持ちでやっているのが、近くにいるとよくわかる。

そうすると、その関係の中から生まれた縁で、大きなプロジェクトの仕事を頼まれることも多い。会社から営業活動を一切していないのに、コンペになることもなく指名で仕事をもらうことも多いという。

依頼する側は、「お宅のような会社にこの仕事はお願いしたいと思っている」「ふだんいろいろと支援してもらっているので、何かお返しできることがないかと日頃から考えていたのだ」と言ってくるという。

日頃から周囲を温めているから、それに引き寄せられてくるのだ。

これをさらに確信させることがあった。S社の社長が災害支援ボランティアをしているときに、物資が不足していたり、支援地までの物資の輸送手段に困ったことがあった。そのことを経営者仲間に話したり、ＳＮＳでつぶやいたところ、あれよあれよという間にたくさんの人から「その資材うちにあるのでお分けできますよ！」「近くにうちの営業所があるので、そこのスタッフに車出させて持って行かせますよ」というメッセージが届いたのだ。

災害に関連したことでいえば、ある製造業の会社でもこんなことがあった。豪雨によって資材置き場が水に浸かってしまった。水が引いた後、倉庫内の消毒をしたいのだが、消毒液が手に入らない。同じく被災した大手企業が押さえてしまい、中小企業にはまったく回ってこないのだ。そんな状況を聞いた仲間の経営者が手を尽くし、すぐに手配してくれた。この会社もまた、ふだんから周囲に思いやりをもって接している会社だった。

会社は何をする場所か

この章の最後に私が社労士をやめた理由についても触れておきたい。

というのも、本書のテーマと関係がなくもないからだ。

正確には社労士を「やめた」わけではない。だが、事務所を合併し、私は代表ではなくなり、それと同時に社労士としての仕事はかなり絞った。その結果、社労士としての仕事の9割以上を手放したことになるので、やはり「やめた」というのが正しいのかもしれない。

私は２００２年、28歳のときに社労士として独立して仕事をはじめた。当時は、いま以上に社労士はマイナーな職業で、「そんな資格では飯は食えない」と言われていた。

私は大学卒業後、一般企業に就職したものの、ずっとサラリーマンでいる人生は思い描けず、いつか退職して自分で開業しようと思っていた。25歳のとき、偶然本屋で手にした社労士の本に導かれるように試験勉強し、２回目の受験で幸運にも合格し、自分で事務所を開いた。

しかし、コネも経験もない28歳の社労士に仕事はなかった。思うように仕事は取れず、あっという間に貯金が86円になった。

そんなとき、以前働いていた会社で就業規則というものがあったことを思い出した。当時、就業規則はそんなもので、その存在を意識しているのは、大企業で働いている人か人事部か労働組合の人ぐらいだった。また当時は、「給与明細とか、就業規則とか、そんなものは俺たちには関係ないぜ！　そんなこと気にしないで働くのがかっこいい！」というような空気だった気がする（これは、私の周りだけかもしれないが……）。私はサラリーマンを辞める直前、広島で2店舗の統括責任者をやっていた。そのため、現地採用をしたり、スタッフの労務管理で就業規則を見る機会があった。しかし当時は、パラパラとめくるくらいで内容についてはほとんど覚えていなかった。

その就業規則だが、社労士になって改めていろいろな会社のものを読んでみると、さまざまなことが書いてあるのがわかった。しかし、どれも難しくて何を意図しているのかよくわからない。また、これらの規則が会社の業績に役に立つともあまり思えなかった。

というのも、会社の実情と合致していないことや日常の業務上では必要ないことばかり書いてあるような気がしたからだ。

それもそのはずで、この頃の就業規則は、特に中小企業などは、内容をしっかりと吟味する発想はなく、労働基準監督署に届け出ないと法律違反になってしまうため、形式上作成しているところが多かったからだ。

そのとき、私は就業規則を工夫すれば、会社経営にもっと役立つツールにすることができると思った。つまり、会社の業績に直接的、間接的に役立つルールをつくり、盛り込むことが重要だと考えたのだ。

そして、そんな自分の考えを小冊子にして経営者や興味がありそうな人に配った。

これがヒットした。当時はメールマガジン全盛期だった。ある有名な経営コンサルタントがこの小冊子を面白いと思ってくれ、そして、彼のメールマガジンの中で紹介してくれた。

そのときは、一日２００通以上もの資料請求がきた。

こちらは開業したばかりで一人で仕事をしていたので、毎日２００通の資料請求をさばくのは大変だった。

そうこうしているうちに、小冊子の内容をさらに深めた本を出版することができた。『なぜ、就業規則を変えると会社は儲かるのか?』（大和出版、２００５年）という本だ。この本が、就業規則という超専門的な分野の本にしては異例の売れ方をした。

その結果、全国から仕事や講演依頼をいただき、また、新たな本や雑誌の執筆を依頼されるようになった。私的には気恥ずかしかったが、中には、「就業規則の神様」と言ってくれる人もいた。

こうして就業規則づくりを中心とした社労士としての生活が軌道に乗っていった。

ルールのない会社に、ルールをつくり、社内の秩序をつくりあげていく仕事や、現行のルールをその会社の課題解決のために変更する仕事は楽しかったし、充実していた。

しかし、その一方で心の中に、もやもやもやもずっと残っていた。

ルールができあがり、問題解決もされた。ルールがあることによって組織の体を成してきた。そんな実感はあったものの、それがそこで働く人の幸せ、経営者の幸福に本当に役立っているのだろうか？　という疑問だった。

問題が起きたとき、確かに就業規則というルールブックを見れば、それに対処する方法が書いてある。しかし、そのことによって、目の前で起きている事柄やそれに関係する人を直接見るのではなく、ルールブックに目をやるようになってしまっている。問題が起きている現場ではなく、オフィスの中に置いてある活字に意識がいってしまう。それは、一見スマートで、その場の問題を解決することには役立つが、仲間のことを考える温かさや人として当然湧き上がる感情を遠くに追いやってしまっている感じがした。

働く人にとって、会社は労務を提供する場所だ。そして給料という対価をもらう。会社にとっても従業員はお金で雇い、その代わりに成果を出してもらう存在だ。

会社は友達をつくりに来るところではないから、「温かさとかそんなものはいらない」という考えもあるだろう。私自身もそう思おうとしたことは何度もある。しかしそのたびに、「やっぱりそうではない。会社は成果を出すところだが、それだけではないはずだ。**会社にいること、この場にいることが幸福とつながらないのはおかしい**」と思い直すのであった。

そして、多くの会社を見れば見るほど、幸せそうな人が多い会社とそうでない会社に分かれることにも気づいた。そして、私は生産性とかの効率は大切だけれども、それを最優先とする組織ではなく、その場にいることで、温かい気持ちになったりする会社づくりのお手伝いをしたいと思うようになったのだ。

しかし、その思いを実際の仕事の中でどう表現していいのか、しばらくはわからなかった。

また、心の中はもやもやしていたけれども、いままで通り仕事を多くいただき、それに応えることに充実感を得ていたことも事実だった。

心を前面に出して経営を語ってもいいんだ

そんなある日、社労士の友人の日比野大輔さんからある勉強会に誘われた。

その勉強会は、上場会社の会長が主催しており、全国から多くの経営者が集まっていた。そこでは、労使を超え、企業を超え、業界を超え、国を超え、世代を超え、共によくなっていくための哲学、経営のあり方が議論されていた。

そういうことをまじめに議論している経営者の勉強会があることに驚いた。そして、経営では軽視されがちな人を思いやる心の大切さに気づかせてもらった。

それからしばらくして、ある木工会社の経営者と知り合った。その社長は日本一の家具職人と呼ばれており、皇室の家具や高級ホテルの特注家具を手がけていた。ご本人の腕が一流なのもさることながら、弟子の育成が素晴らしかった。職人の世界には技能オリンピックというものがある。この会社に入社した職人の多くがこの技能オリンピックでメダルを取ってしまうのだ。その社長はいつも「**心が一流だったら、腕は勝手に一流になる**」と言っていた。人を喜ばせる心、世のため人のためを思う心を持ち続けたら、その思いを実現するために勝手に腕が磨かれるからいつの間にか高い技術が身についているという。

経営というと、論理的であることが重要であり、心が大切ということに自信を持てないでいたが、このような出会いから、**「心」を前面に押し出して経営を語っていいんだ**と背中を押してもらった気がした。

カンボジアの「伝統の森」

そして、そんな出会いの極め付きが、２０１４年の秋だった。

そのとき、私は仲間と共に、世界遺産アンコールワットがあるカンボジア・シェムリアップの街から田舎道を1時間ほど行った「伝統の森」という場所に滞在していた。伝統の森は、森本喜久男さんという人がつくった場所だ。カンボジア伝統のシルク、クメール織を復活させるべく、東京ドーム約5個分の荒地に木を一本一本植え、桑の木を育て、蚕を飼い、染料になる木を植えていった。それが、いまでは立派な森になった。森の中には日本で言うところの社宅が点在し、また工房がある。そして、学校もある。そこには70人程度が暮らしている。そんなひとつの村をつくってしまったのが、森本さんだ。

森本さんは残念ながら２０１７年に亡くなってしまったが、私は生前に3度ほどお会いすることができた。伝統の森に行ったとき、私はそこの空気感に圧倒された。自分が求めていたものがそこにあった気がしたのだ。

電気も水道も通っていない村だったが、ここでは人が何かに急かされるわけでもなく、かといってサボるわけでもなく、極めて自然体で働いていた。中には障害がある人もいる。また、妊娠中の人や赤ちゃん連れの人もいる。いろんな人がいるが、それぞれがそれぞれの立場の中でできることを一生懸命やっている。すべてが調和しているように見えた。

私が伝統の森に感動したのは、ここでできあがる製品の質にあった。もし、それがなければ、昔の日本の田舎の暮らしを懐かしむだけだったかもしれない。しかし、ここでできあがるシルクは世界最高品質なのだ。実際、森本さんはフランスのファッション誌から「マスター・オブ・シルク」と称されていた。また、私が最初に訪問したときは、そのちょっと前に世界的に有名なアメリカ人デザイナーがお忍びでシルクを買いに伝統の森を訪れていた。

つまり、場所だけを見ると、カンボジアの田舎だ。電気も水道もなく、工房と言っても高床式の建物の1階の半分外のような場所で仕事をしており、とても近代的とは言えない。しかし、ここで世界最高品質のものができあがっているという事実がとても重要だったのだ。例えて言うと、周回遅れで最先端を走っているような場所だ。

私は、この空間こそが、自分がイメージしている会社像にぴったりな気がした。みんながひとつになり働いているが、けっして無理はせず、**お互いを尊重しながら自分のできること**

をやっている。職場は壁に囲まれた空間ではなく、風を感じられ、自然の音や匂いや色がダイレクトに伝わる森の中だ。就業規則のようなルールよりも、目の前の人を見て、製品ができあがる空間を見て、そこからなにがいいか判断していく。自然の中にいることで、**人間のバランスが整い、自然体でいられる空間に身を置いて仕事することができる。**

この調和した全体が、人を温め、心を落ち着くべきところに落ち着かせ、いつまでも留まりたくなるような気持ちにさせると思った。

ここにいる人たちには、うつのような病気はないのではないかと思う。

伝統の森で感じた感覚は衝撃的であり、直感的に、私はこのような感覚の場を日本の職場に伝えていきたいと思った。

そんな思いを胸に帰国した。

その直後、プライベートで沖縄に行く機会があった。

沖縄では、本島北部にある今帰仁村《なきじんそん》という村に立ち寄った。ここでの出会いにより、沖縄で私がカンボジアで感じたことが実現できるのではないか。また、ここに至るまでの一連の出会いから感じたことが、ここで自分が暮らすことにより、より的確に実現できるのではないかと感じたのだ。

このあたりのことは、本当はもっと詳細に書きたいのだが、それで1冊本が書けてしまいそうなのでここでは割愛する。

いずれにしても、そんな思いがあり、社労士の仕事は整理して、２０１５年の春に沖縄に移住し、新たな一歩を踏み出すことになった。

コラム　森は創造性を向上させる

私は昔から森が好きだった。森に入る瞬間の少し緊張する感じと、森の中の凛とした空気が好きだ。

森の中に入ると、不思議とざわざわしていた心が落ち着き、地に足がしっかりとつき、そして、自分と周囲の木々や森全体を包む空気との境界線がなくなっていくような感覚になるのだ。

このとき、思考も解放され、感覚のほうが優先されるような感じになる。左脳より右脳のほうがよく働く感覚だ。それと同時に捉われからも解放され、とても斬新な発想が思い浮かんだり、ずっと悩んでいたことの答えがすっと降りてくるようなことがある。

これは私だけの経験ではないようだ。私は、沖縄でビーチと森を歩きながらコーチングする「SHIZUKA」という研修をときどきやっている。以前、参加されたＹ社長は、「ここ数ヵ月ずっと思い悩んでいて答えが出なかったことが、この研修を受けている間にふっと答えが降りてきた。いまとてもすっきりした気分です」と言っていた。

『NATURE FIX　自然が最高の脳をつくる』（フローレンス・ウィリアムズ著、栗木さつき・森嶋マリ訳、NHK出版）によると、実験データをもう少し集める必要があるとしているものの、数日間森の中で過ごすだけで、50％も創造性が向上したデータもあるという。

また、キャンプ用品などを販売しているスノーピークの山井太社長は、経営者として重要な判断をするときには、キャンプで2〜3泊して、自然の中に身を置いてから自分の心が赴くほうを選択するという。

「株式会社森へ」という会社は、「森のリトリート」という、森の中で自分自身を見つめ直すワークショップをやっているが、大企業の幹部や経営者がたくさん参加するという。

みんな森の効用に気づき、有効的にその場を使おうとしている。

第2章　負が連鎖する冷やす会社

冷やす会社の特徴

世の中には、実際に従業員の心、その会社に関わる人の心を冷やし、逃げ出したくなるような会社も多い。これは業績の良し悪しに関係ない。しっかり利益が出ているのに、周囲の人の心をどんどん冷やす会社もある。

冷やす会社の特徴をまとめてみると次のような点があげられる。

1　人をすぐに使えるか使えないかで判断する

2　やたらとペナルティを科そうとする

3　本来の目的を見失い、手段が目的となってしまっている

N社は業績が好調だ。ここ数年、毎年過去最高益を更新している。しかし、社内が暗い。社内会議に参加させていただくこともあったが、社長一人が発言し、みんなが下を向いている。とても前向きな話が行われているような感じではない。業績は絶好調で、社長は超高級外国車に乗り、自宅も数年前に都心の高級住宅街に引っ越した。それなのに、いつも少し苛立っている感じがして幸せそうな雰囲気が漂ってこない。

会議に参加していると社長の発言が気になった。社長の判断基準が「あいつは使える、あいつは使えない」「あの業者は役に立つ。あの業者は役に立たない」など、「会社にとって使えるか、使えないか」だけなのだ。たとえばうつ病になってしまい休職している社員のことについて「会社に戻ってきても、もう使い物にならないだろうから、辞めてもらうようにもっていこう」などと平気で言ってしまう。

もちろん、企業は営利追求の場であるから、会社の役に立つか立たないかを見極めることは必要である。しかし、それだけになってしまうと周囲の心を冷やしていく。うつ病で休職になった社員も、その直前までは営業成績はよかったのである。いままで会社に貢献してくれていたということには、社長の意識が回らないのだ。

それに対して、建設業のＳ社は、下請けの協力会社にとても気を遣っている。その会社では会議の際に社長が、会社全体でどの協力会社にどのくらい発注しているのかの一覧表を出させている。その資料を見ながら、社長は、発注量が少ない協力会社があると、担当者を会議の場に呼び出し、「なぜ、少ないのか？」と問いただす。担当者が「あの会社は最近、見積もりを取ると金額が高いので発注していないのです」と答えると、社長は、「どのくらい高いのだ。何十パーセントも高いならば話は別だが、数パーセントの違いならば発注しなさい。いまは、うちは景気がいいんだから、関係性を大切にしろ」と厳しい口調で指示を出す。

社長にその意図を聞くと、「現在いい関係を保っている協力会社は、リーマンショック後で景気が悪いとき、自分たちも相当苦しいはずなのに、支払いを待ってくれたり、悪い条件を飲んでた会社なんだ。それをたったいまという瞬間だけをもって、使えるとか使えないとか判断してはいけないんだ」と答えたのが印象的であった。

おそらく、この会社はふだんからこういう価値観で仕事をしていたから、リーマンショック後の不景気のときも、周囲が「この会社を助けたい」と思ったのだと思う。

10年くらい前の話だが、当時顧問をしていたある会社は、社長や人事部長からいつも同じ内容で相談の電話がかかってきた。

それは、「とある社員がこういう不祥事を起こしたので、懲戒解雇にしたいと思うのですがどうしたらいいでしょうか?」「ある社員が遅刻ばかりするので減給処分にしたいのですが可能でしょうか?」「ある社員が、虚偽の報告をしたので解雇したいと思うのですがどうしたらいいですか?」

どれも社員を処分したいという話だった。

確かに会社は、懲戒処分をする権限を持っているし、場合によっては信賞必罰で処分することも必要かもしれない。ただし、それはやむを得ない場合であって、乱発するものではない。

虚偽の報告と聞くと、とても問題があるように感じるが、詳しく内容を聞くと、「朝礼のときに本日訪問予定としていた会社に訪問していなかった」という話であった。しかも1回だけだ。確かに虚偽ではあるが、こういう場合は、いきなり処分をするのではなく、まずは事情を聴くことが大切だろう。そして、問題点があるならば、改善方法を一緒に考えてあげる。単なるサボりであるならば、上司が一喝すればすむことである。

この会社は離職率が非常に高かった。50人くらいの会社であったが、毎月誰か辞めては新しい人が入るという感じであった。

それに対して面白い会社もあった。D社では遅刻の常習犯の従業員がいた。その理由はいつも寝坊だ。あるとき、しびれを切らした社長が、他の従業員に車を運転させ、その従業員が住んでいるアパートに向かった。会社が借り上げて社宅にしていたアパートに住んでいるため、会社が合い鍵を持っていた。社長は移動中、ビデオカメラを回しながら、ドキュメンタリー風に「いま○○の自宅に向かっています」と実況中継をした。そして、ビデオを回しながら、部屋の鍵を開け、寝ている従業員を起こし、びっくりしている姿をすべてカメラに収めた。最後に「これをお前の結婚式で流してやるからな！」と笑いながら言い放った。この一件の後、彼の遅刻はなくなったそうだ。

懲戒処分という堅苦しいことではなく、このように、ユーモアをもって行動を変えさせていくのが素晴らしい。もちろん、こういうことができる関係性を日頃から構築していることが前提だろう。この会社の従業員と話をすると社長の破天荒《はてんこう》ぶりをみんなが楽しそうに語るのが印象的であった。

ある会社では、昨今の社会情勢を受けて、働きすぎの防止に力を入れていた。業務の効率化を図り、残業や休日出勤の削減に取り組んでいた。気がつくと、社内は残業しないこと、休日出勤しないことが目的となってしまっていた。上司が、残業している従業員には早く退社するように厳しく指導し始めた。また、部下が残業していると上司自身が会社から叱責されるため、仕事のクオリティが低い状態に目をつぶるようになってしまった。

結果、納品のスピードが遅くなったり、製品のクオリティが低くなったことで、クレームが多発した。そして、昔からの大切な取引先を失ってしまった。

また、以前はみんなで軽いジョークを言い合ったり、適度な雑談をしながら仕事する笑い声が溢れる社内だった。しかし最近では、早く帰ることばかりに意識が向き、雑談がまったくなくなった。終業後みんなで話をしたり、飲みに行ったりすることもなくなってしまった。このことで会社への帰属意識や仲間意識が薄くなり、居心地の悪い組織となってしまった。気がつくと、社内には仕事や社内の人間関係での悩みなどを相談できるような打ち解けた関係がなくなっていた。その結果、退職する人やメンタルの不調を訴える人が増えた。働きすぎの防止に取り組んだら、いつの間にか、冷やす会社、人が逃げ出す会社になってしまったのだ。

働き方改革はパワハラやうつ病を助長する？

じつは、働き方改革はパワーハラスメント（以下「パワハラ」）やうつ病の原因になっているのではないかと思うときがある。

働き方改革の大きな目的は経済成長であり、それは長期的に生活を豊かにすることである。そこに向かう中で具体的な手段として生産性の向上があり、その現場レベルの手段として長時間労働の削減等がある。

これが現実にうまく機能している会社もある。しかし、現場の実態を見ると、反対に作用していることも結構あるようだ。特に、大手企業の下請け的仕事をしている中小企業ではそのように感じる。実際、とある中小企業は、発注元である大手企業から自社の従業員に残業させることができないからという理由で、いままで以上の業務を要求されるようになった。ある会社では、以前は、元請けである大手企業が顧客に出す見積書を作成していたが、やはり自社の従業員に残業をさせられないということで、下請けであるこの会社に見積書まで作成させるようになった。

少し話がそれたが、社労士の仕事をしていると、顧問先企業の中で起きたパワハラや従業員がうつ病になってしまったという相談を受けることが多い。その原因を探っていくと、生産性向上のプレッシャーから来ているのではないかと思うケースにあたることがある。

ある会社では、従業員のAさんがうつ病になり会社に来られなくなってしまった。その原因が上司のB部長のパワハラにあるという。

話をよく聞くと、この会社でも、残業の削減が至上命題としてあがっていた。いままではそこそこ残業があったが、「残業を基本的にしないように」「遅くても20時には退社するように」との号令がかかっていた。

そんな中でAさんも以前に比べると早く退社するようになったものの、遅くまで残ることも多々あった。Aさんは優秀な営業マンで、彼を担当として指名する得意先も多かった。その結果、必然的に見積もりの依頼数も他の従業員に比べると多かった。ところが彼は、見積書の作成が得意ではなく、それに時間を要していたのだった。

部長のBさんは、そんな中、彼に残業を減らすよう指導していた。しかしながら、指導してもその傾向が収まらないために、だんだんイライラを募らせ、口調が強くなっていった。時には一方的に怒鳴るような場面もあった。B部長からしてみれば、会社の方針が残業時間の削減となっている以上、それを達成しなければ、自分の評価が下がる。彼の作業を軽減するために新たな人を雇うことは、利益を減らすことになるし、また、他の部下との公平性を欠くので、会社に提言することもできない。このジレンマがさらにB部長をイライラさせた。

Aさんも、残業を減らすという会社の方針は理解している。お客様にも「いま立て込んでいるので、少し遅れますよ」と伝えて、見積書作成が遅くなることの了承はもらっていた。そうは言っても、遅くなるにも限度がある。また、お客様が自分のことを気に入ってくれていて、だからこそ自分に仕事を任せてくれている、その期待感も感じていた。それが彼の誇りでもあった。以前ならば、同様に残っている仲間がいたりして、愚痴を言って気晴らしができたり、遅くなった者同士で飲みに行ったりして気分転換になっていた。

B部長は、Aさんの仕事が終わるまで一緒に残っていた。B部長はそれが上司の責任だと思っていたからだ。しかし、ここで仕事の相談などに乗ってさらに時間が遅くなるのは困るので、早く帰らせるためのお目付け役でいたようなものだ。Aさんにとっては、B部長が残っていることがさらなるプレッシャーとなった。

そんなある日、Aさんは見積もりで大失態を犯した。得意先の大型案件で見積もりを間違え、会社に損害を与えることになったのだ。それも結構な額であった。

B部長は、思わずキレて怒鳴ってしまった。

「君はふだんからあんなに時間をかけて見積もりを出しているのに、これはどういうことだ！」

その瞬間、Aさんはいろいろなものが崩れた気がした。そして、次の日から会社に行くことができなくなってしまった。

これについて、上司に問題があるとか、会社に問題があるとか外部から批判するのは簡単だ。しかし、現場は誰もがまじめで一生懸命だった。

実際にパワハラとの訴えがあったので、私は上司のB部長と面談した。B部長にはパワハラをしたという認識はなかった。しかし、会社の方針を実現させることへのプレッシャーからだんだん口調や態度が強くなっていったのは事実だ。そこには現場責任者として、労働時間の削減と売り上げの向上を実現しなければならないことへの自分なりの答えを導き出せないもどかしさもあった。

実際に、得意先を回り、「いままでのように短期間では見積もりは出せません」、もしくは「見積もりは今後有料にします」と言えるのか。そんなことを言ったら、得意先を失うかもしれない。得意先を失い、営業成績が下がれば、部長としての自分の責任問題だ。それは、結果的に自分の家族につらい思いをさせることにもなる。

こんなプレッシャーがB部長を追い込んでいった。

こう考えると、現場のことをよく見ないで、一方的に残業削減の命題を与え、プレッシャーをかけた会社（経営者）が悪いのだろうか。もちろん、その側面は否定できないが、経営者を一方的に非難することはできない。経営者も世間から「残業削減ができない会社はブラック企業だ！」「経営者として能なしだ」といったプレッシャーを受けているのだ。

では、世間が悪いのか？

悪者探しをいつまでも続けていても意味がない。誰もが悪気はない。強いて言えば理屈先行の世界の被害者にみんながなっているのではないかと思う。

結局のところ、**パワーは大きいところから小さいところへと流れていく**。

じつは、こうしたことは、社会のいろいろなところで起きていると私は思っている。

パワハラが冷やす会社に変えてしまうことは容易にイメージできると思うが、そのパワハラにいたる過程に、このような問題が潜んでいる可能性があることをここでは理解していただきたい。

勘違いしてもらいたくないのは、だから働き方改革が「不要」とか「悪」と言いたいわけではない。**「本来の目的」を忘れて「手段」を目的化することが冷やす会社をつくり、負を連鎖させていく**ということだ。

働き方改革の目的は先述のように、経済を成長させ、生活を豊かにしていくことにある。長時間労働の是正はその手段のひとつである。そしてそれがその先の幸福につながる必要がある。もちろん、法律があるから、その枠は守らないといけないが、あくまでも手段であり、「長時間労働の削減」を絶対の目的としないことが重要だと思う。日本人の気質なのか、この国では、ひとつの方向に流れ出すと極端にそちらに偏る傾向がある。

以前、「成果主義」という言葉が流行ったときは、猫も杓子も世の中全体がそちらに動いた。成果主義という名の下、従業員に目標を立てさせて、その目標の達成度合いに応じて、給料を上下させる。達成率が高ければ、大幅アップ。未達ならばダウン。それまで日本の企業では、給料が下がるという概念がなかったので、大変なインパクトだった。その頃は、顧問先を訪問すると、「うちも成果主義を導入したい」という相談をよく受けた。中には、飲食店でホールのスタッフにまで導入したいなどという無茶な相談もあった。そのブームが去って、現在の全体的な傾向としては、成果を問える職責や職種の人にのみ成果主義が導入されているように思える。

いまの猫も杓子も「生産性向上」「労働時間削減」という流れも、かつての成果主義と同じ流行で、もう少しすると適切な形に落ち着くのだと私は思っている。

大事なのは、何のための働き方改革なのか？
それを忘れず、しかも大きな視点で見ることなのだと思う。

冷やす会社の経営者はストレスフル

第1章で述べたように、人はみんな幸せになりたくて、そのためには「人の役に立つ」「人のために何かをする」ことが大切だと知っている。

じつはみんな、その答えを知っているのに、目の前の利益にとらわれてしまう。偉そうに言っているが、私だってそうだ。

「本来こうやったらいい」と知っているのに、それに従わず、目の前のものにとらわれてしまう。そして、本当にやるべきことではなく、やらなくてはいけないと思い込んでいることをやった結果、矛盾を抱え、それがストレスになってしまうのではないかと思う。

ある経営者と、私がやっている勉強会で話したときのことだ。その勉強会は、「陽明学」を通して、「生き方・考え方」を学ぶ会だ。その経営者は、研究会に参加するのはそのときが初めてだった。

私が、「今日は、なぜお越しになったのですか？　なぜ、陽明学に興味を持たれたのですか？」と質問した。それに対してその方は、「いま、しんどいんですよ」と答えた。私が、

「経営が苦しいんですか?」と聞くと、「いや、会社は順調です。利益もしっかり出ています。でも、毎日、自分が儲けることばかり考えていて、少しも面白くないのです」「本当は、そのお客様にとっては他社の商品を使ってもらったほうがいいことがわかっているのに、うまいこと言ってうちの商品を買ってもらったり、本当はそのお客様にとって必要ないものを、不安を煽《あお》るようなことを言って買わせたり。そうやって商売をしていることがしんどいんです」「電話がかかってくると、返品の電話じゃないのか?　クレームじゃないのか?　と毎日ビビってるんです」と堰《せき》を切ったように話をされた。

心で感じたときに本当はどうしたらいいのかわかっているのに、その通りになっていない。この心と言動の不一致がストレスを与えているようだった。

目標を自分のなりたい姿で書くな

ある一部上場企業の経営者Yさんの話でハッとしたことがあった。Yさんがあるとき、経営者向けの勉強会でこんなことを話していたのだ。

「経営そのものに対する大きな目標が大事だ。しかし、**目標を自分のなりたい姿で書くな**。目標を自分のなりたい姿で書くと、周りは自分の目標を達成するための道具に見えてくるようになるし、実際にそういう付き合い方になる。そうではなく、**目標は『こういう世の中に**

なったらいい』というような立て方をしろ。すると、周囲が一緒に達成する仲間になっていく」

私はYさんの話を聞いて、「そうか！　目標というけれど、何を目標として置くかで生き方が変わるんだ」と衝撃が走り、鳥肌が立った。

たとえば、「この業界で日本一大きな会社になる」という目標を立てる。そうすると、周囲をその目標達成のために、使える奴か否かで見ていくようになる。

前述したN社の社長のように、以前活躍していた従業員がうつ病になったらすぐに切り捨てたケースが典型的で、使えなくなったらすぐに切り捨てる。

これに対して、目標を公共的なものに変えると周囲との関わり方も変わってくる。公共的なものというと偽善的に聞こえるかもしれないが、公共の中には当然そこで生活している自分（自社）も含まれる。つまり、自分（自社）も含めた理想の公共の状態の達成を目標に置くのだ。そうすると、周囲はその達成のために協力する仲間となっていく。「みんなで、共に」何をするのかという発想になる。

周囲を自分に役立つものかどうかで判断していくと、結果として周囲を冷やしていくことになる。それに対して、周囲を目標に向かう仲間として見るならば、そこからは、優しさや思いやりといった温かいものが溢れてくる。

これは、目標だけではなく、目的の置き方も同じだと思う。

偽善的に聞こえるだろうか。しかし、何のために会社を経営し利益を出すのか。常に周りは敵ばかりで緊張しながら過ごす人生と、周りは目標達成のために協力し合う仲間だという人生の、どちらが幸福であろうか。もちろん、価値基準は一人一人によって異なるだろうが、少なくとも私は後者だし、後者を選ぶ人が多いのではないだろうか。

つまり、これは生き方の問題なのだ。

たとえば、名経営者の一人として知られる稲盛和夫さんも、京セラを創業したときは、「稲盛和夫の技術を世に問う」ことを目的としていたそうだ。この目的達成のためには、必然的にそれに役に立つか否かに意識が向かう。その結果、従業員の心は離れ、労働争議になった。そのあと、稲盛さんは会社が長期的に発展していくためには、社会の発展に貢献するという、社会の一員としての責任も果たす必要があると考えを変え、経営理念を「全従業員の物心両面の幸福を追求すると同時に、人類、社会の進歩発展に貢献すること」と定めたという。

京セラも当初は経営者の目的達成のための周りを冷やす会社だったのだ。しかし、理念をより公共的なものに変えていくことで、変革を遂げ世界的な大企業に発展していったのである。

第3章　温める会社にはこんな特徴がある

フェイス・トゥ・フェイスを重要視

この章では、温める会社の特徴を見ていきたい。
私は、温める会社には次の特徴があると思っている。

◯フェイス・トゥ・フェイスを重要視する
◯多様性の受け入れに柔軟である
◯個人を大切にしている
◯利益を一番とは考えていない
◯人の「良心」を大切にしている

まず、フェイス・トゥ・フェイスを重要視しているというと、インターネットが発達した現代社会ではとても前近代的な感じがするかもしれない。だが、どの会社も方法こそ違えど、このことを重要視している。実際に顔を見て話し合う。お互いのことをよく知る場面をたくさんつくっているということだ。人は膝を突き合わせて話せば話すほど近い関係になってくる。声を聞けば聞くほど相手の気持ちに寄り添えるようになってくるものだ。その情感が単なる職場の人という同じ場にいるだけの関係から、仲間へと進化させる。

アメリカの心理学者ロバート・ザイアンスは、人は接触回数が多いほど、その人に親しみを感じるという法則を示してる。

会社によっては意識的にフェイス・トゥ・フェイスの場面をつくっているところもあれば、無意識にそういう空間ができあがっているところもある。

東京でサービス業を営むU社では、年に1度、社長が従業員の家族に会うために家庭訪問をしている。若い従業員が多いので、実家を訪問することが多い。実家は全国に散らばっているが、北海道から九州まで、どこにでも行く。

その際、従業員本人も連れていく。そして、一緒に食事をする。そのときに、「どんな思いで子供を育ててきたのか？」「遠く離れた場所にいる子供のことについてどう思っているのか？」などを従業員の両親に聞くそうだ。すると、我が子のことを心配する親の愛情を感じるという。そんな話を聞いていくうちに、社長の心に変化が表れる。目の前にいる従業員を単に労務の提供者だとは思えなくなってくるのだ。一緒に頑張っていきたいし、一人前になれるよう育てていきたいし、何か困ったことがあったら助けてあげたいという気持ちになるという。

また、ここに従業員を同席させることも重要だと社長は語る。いままで自分に対する親の思いを聞いたことがない子が多いからだ。中には親子の関係があまりよくない従業員もいる。しかし、家庭訪問をきっかけに親子関係にも変化が起きる場合もある。

こうすることで、会社、従業員、親がひとつになっていく。そうすると、単なる雇用関係を超えた家族のようなものができあがっていくという。

また、大阪にある建設関連のMG社では、週に1回、昼休みに会議室で食事会を開いている。社長の奥様が料理をつくり、それをみんなで食べるのだ。

私も同席させていただいたことがある。工場の昼休みだから、みんながのんびりゆっくりという雰囲気ではないが、午前中の作業から解放されてホッと気が緩む瞬間だ。黙々と食べる人もいるが、それも職人らしい。しかし、その中での何気ない会話は、みんなの素が出ている感じがする。家族のことや恋人のこと、趣味のことや、時には下世話な話まで。それに対して、誰かが突っ込んで笑いが起きたりしている。プライベートなことをみんなが話していて、社長も含めてみんながそれを知っている。とてもアットホームな雰囲気だ。

MG社の仕事はけっして楽ではない。もともと他の会社に発注していたが、その会社ではどうにもならず、音をあげてしまった工事が回ってきたりする。もちろん、技術力が高いからそういう仕事が来るわけだが、それだけではなく、プロ意識の高さもお客様から評価されているのだと思う。「受注した仕事はどんな仕事でも、徹夜してでも納期までに絶対に完成

ベトナムの実習生の自宅。ご馳走がテーブルいっぱいに並べられていた。

させる」という強い信念を持っている。その厳しい仕事にみんながついていけるのも、ふだんの一体感に起因しているのだと感じる。

ちなみに、この会社でも、社長が従業員の家族との面談を実施している。ベトナム人の実習生なども社内にいるが、ベトナムの実家にも社長は訪ねている。

多くのベトナム人実習生は、借金をして日本に来るという。彼らは、家族の期待を一身に背負って日本に来るのだ。時として、家族だけではなく親戚一同の期待を背負ってくる場合もある。

私も2017年の秋に、ある実習生の自宅訪問に同行させてもらった。そこはホーチミンから車で2時間くらいかかるベトナムでも田舎の村だった。道はどんどん細くなり、途中から車が入れなくなるので、車を置いて歩いていく。そんな村から実習生として大阪にやってきたC君。我々が実家に行くと、そこでは親戚一同20人くらいが待ち構えていた。ご馳走がテーブルの上に並んでいる。彼も親戚の期待を一身に背負っていたのだ。

外国人技能実習制度の本当の意図は、日本で高度な技術を身につけてもらい、その技術を国に帰って活かすことにある。しかし、受け入れる日本側の企業では、安い労働力とみなして受け入れていることがある。むしろ、そのような意図を持って受け入れている会社のほうが多いだろう。その結果、必要な技術を身につけさせず、単純労働ばかりさせている例も多い。

MG社の社長も、当初はそのような意図を少なからず持っていたという。しかし、実習生に接し、ベトナムの実家を訪問することで、そういう気持ちが吹き飛んだ。実際に両親に会うことで、彼らに何としてでも高い技術力を身につけさせ、それを帰国後も活かせるようにしてあげたいという決意が固まったのだ。

同じく大阪にある運送業のMU社は、長距離トラックを中心に200台以上のトラックを保有している。運送業であるから、出発時にドライバーの点呼がある。この会社では点呼の際、社長や上司がコーヒー豆を自ら挽き、ハンドドリップでドライバーのためにコーヒーを淹《い》れている。

MU社の社長は、「単なる点呼は事務的であまりにつまらない。しかし、コーヒー一杯があることで、点呼にとどまらず、雑談が始まる。たわいもない話の中で、従業員の家族のことや、困りごとなどもわかる。いまでは点呼の時間がお互いをわかり合ういい時間になっている」と言う。

一杯のコーヒーは、ドライバーにも好評のようだ。あるドライバーが、「話が弾みすぎて出発は遅くなるし、コーヒー飲むから走り出してすぐトイレ休憩しないといけないし、効率悪いんですよ」と笑いながら話していた。その表情がなんとも嬉しそうで印象的だった。

第2章でも述べたが、働き方改革の中で、残業を減らし生産性向上を叫ぶことはいいことだが、そこに意識が行きすぎてしまっていることを私は危惧している。仕事以外の話をする時間をムダと感じるようになったり、仕事以外で社内にいることがダメだという風潮は、いかがなものかと思っている。要はバランスの問題だろう。

この発想には、仕事場がその人にとっての一番の居場所になることはありえないということが前提になっている。なぜ、職場がその人にとっての一番居心地のいいところになってはいけないのだろうか。たいていの人は一日のうちで活動時間の大半を職場で過ごす。職場以外で居心地がいい場所を探すのもいいが、**職場が一番居心地がよかったらそれが幸せ**なのではないだろうか。**居心地がいいというのは、気軽な場所という意味ではない。人と人とのつ**

ながりを感じられて、心が通う交流があり、心が温まる場所ということだ。

職場がそのような場所であったら、たとえば「お子さんが病気ならば後は私が残りの仕事は引き継ぐから早く帰りなよ」「奥様の具合が悪いならば、しばらくは朝1時間遅れて出社してもいいよ」。そんな会話も普通に飛び交うはずだ。

ここにはお互いの気持ちが存在している。これを制度で「当然の権利として1時間遅れます」とすると、「あいつは権利の主張ばかりで結果はちっとも出さない」「ルールだから仕方ないけれど、こんな忙しいときに早退するなんて、何か面白くない」。そんな気持ちが出てくる。それがどんどん職場の中を冷やしていく。

そんなことを制度にしなくても、お互いの気遣いの中から助け合いが自然に生まれると思うのだ。私が前述した伝統の森の中で感じた調和した空気というのは、そのようなことが普通に行われていたことにも起因していると思う。

そのためには、お互いがお互いのことをどれだけ知っているのか、単なる会社の同僚ではなく暑苦しいほどいろんなことを知っている関係になっていたほうが早い。

多様性の受け入れに柔軟

「ダイバーシティ」という言葉もよく聞かれるようになってきたが、世の中が多様化している今日、それを受け入れる許容範囲は会社によってだいぶ異なっている。在宅勤務や副業を認める会社など制度的な多様性を許容する会社。障害がある人を積極的に雇用し、その人の特性を活かせる形で組織をつくっている会社。従業員の介護や育児支援に積極的な仕組みをつくるなどソフト的な面で多様性を許容する会社。いろんな会社があるが、温める会社はやはり多様性の許容度が高い。

そこには、働く人の想いに応えたいという、会社側の意識を感じる。

最近では子連れ出勤をOKとしている会社も出てきた。

つくばにあるアパレルの会社は、10年以上前から子連れ出勤を認めている。私がこの会社を最初に訪問したのは2000年代のことだ。社内を子供が走り回り、床に座って遊んでいる。その中でお母さんたちが打ち合わせをしたり、パソコンを使っていたりする光景はいまでも鮮明に記憶に残っている。

また、製造業のベンチャー企業F社は、まだ創業年数も浅く従業員も数名だが、その中の一人に赤ちゃんが産まれた。1年間まるまる育児休業をとってもらうのは、スタートアップの会社としては厳しく、また、本人もできるだけ働きたいと希望していた。そこで、赤ちゃんを連れての出社をOKとした。商談には赤ちゃんも同席している。すると、とても社内の雰囲気が和む。

F社の経営者が面白いことを話していた。「赤ちゃんを商談に同席させると、シビアな話にならない。こちらの思惑通りに話が進む。一番優秀な営業マンは赤ちゃんだ」

他にも、大阪にあるコンサルティング業のH社では、学校や幼稚園が終わった従業員の子供が自宅に帰らず、職場に来ることを認めている。

途中でお母さんが子供を迎えに幼稚園や保育園に行くのだが、本人が仕事で席を外せず、迎えにいけない場合は、他の従業員が迎えにいっている。その光景だけでほのぼのしてしまう。

子供は職場で、働いているお母さんの横で遊んでいる。いまは気づかないと思うが、お母さんの姿を見て、働くとはどういうことかを無意識のうちに学んでいるはずだ。これが一番の教育なのではないかと思う。

さらに、この会社では、たまたまそろばん学生チャンピオンだったスタッフがいたために、彼が子供たちにそろばんを教えている。

それが評判を呼び、話を聞いた従業員の友達が、「うちの子にも教えてほしい」ということで、生徒が徐々に増え、そろばん教室ができてしまった。

H社の社長は、「社内に子供がいると確実に会社の雰囲気が変わる」という。多くの人が子供の前では優しい顔を見せる。その顔を一度、社内の人に見せてしまったら、子供がいなくなってもすぐにきつい顔には戻せなくなるというのだ。子供のいるときといないときで表情を変えることに後ろめたさを感じてしまうのが人間の真理だという。商談中に赤ちゃんを同席させたF社も同じではないだろうか。赤ちゃんの前で優しい顔になり、優しい心にスイッチが入ってしまうと、その後、厳しい姿を見せることは二重人格のような感じがして躊躇《ためら》われるのだと思う。

子供がいる従業員は、子供の成長を願う一方で、キャリアアップや仕事そのもののやりがいを手放したくなく、その両立に悩むものである。その手助けとして育児・介護休業法などの法律がある。したがって、法律の通りにやっておけばいいだろうという考えもあるだろう。しかし、それだけでは、温める会社にはならない。

また、零細企業ならともかく、それなりに従業員の数があったら、そんな柔軟な対応はできないと考える方もいるだろう。子供が職場に来ることで迷惑と感じる従業員もいるかもしれない。だが、それに対しては、できない理由を考えたらきりがなく、ここに紹介した会社は、できない理由ではなく、その会社なりのできる方法を考えた結果だとお答えしておきたい。その出発点には、多様性を認め、**できるだけ多くの人にとって居場所がある会社**にしようという心がある。

コラム　みんなの子供をみんなで育てるシェアオフィス

私が、東京でちょっとした作業をするときのために机を借りているシェアオフィスがある。シェアオフィスなので、フリーランスの人が大半だが、なかには大手企業で働いて、ここを在宅勤務の場所としている人もいる。

そこは、5~7階の3フロアに分かれており、5階が個室、6階がフリーアドレス、そして7階には子育てビレッジというちょっと変わった名前がついている。この7階の子育てビレッジは、子供を連れてくることができるフロアなのだ。

子育てビレッジでは、午前中は保育士さんが子供を預かってくれるため、親は、外出する仕事や集中を要する仕事は、午前中に行う。

昼になると、子供が親のもとに戻ってきて、親は子供と一緒に食事をする。食事をするのは和室で、中に大きな机があり、そこをみんなで囲む感じだ。

午後になると、オフィス内のキッズスペースで子供達は遊んだり、親の膝の上にいたりする。

午後も仕事に集中したいときは、6階のフリーアドレスのフロアに移動して仕事をすることもできる。

親は、この仕組みで仕事と子育ての両立からくるストレスからだいぶ解放されるという。

集中したい仕事は午前中に入れ込むことでメリハリがつけられる。どうしても午後も集中したい時は、6階に行けばいい。

午後、6階に行くときは、場合によっては、他の親が自分の子供の面倒を見てくれる。ここでは、お互い様で面倒を見合う。つまり、「みんなの子供はみんなで面倒をみる」という価値観を共有しているのだ。まるで、長屋や町内会のような光景がここにはある。

この長屋のような仕組みが、親の精神的負担を軽減させる。親は、「仕事もしたいし、でも子供の側にもいたい」。本音を言えば、可能であるならばこのふたつを両立させたいと思っている人も多いと思う。

自分の子供は気になる。どこか遠くの保育所で預かってくれていたとしても、「今頃どうしているだろう?」「今日は朝、ちょっと体調悪そうだったけれども大丈夫かな?」なんて思いながら仕事をしていたら、集中力に欠けるし、ストレスにもなる。

しかし、ここならば、子供を目の前で見ながら仕事することができる。そして、可能な限り、我が子に愛情を注ぐことができる。

そして、子供が目の前にいると、人は優しくなる。子供の笑顔は、大人の良心を発露させる。子供が多い職場は、やはり優しさや思いやりのようなエネルギーに満ち溢れる。

個人を大切にしている

温める会社では、目の前の一人一人を大切にしている。それは、言い換えると、どんな人でもそこに居場所があるということだ。

これは、多様性を認めるということと似ているが少し違う。

多様性を認めるとは、「幅広く性質の異なる群が存在し、それを認める」ということだろう。たとえば、家族の介護が必要な人というグループがいる。持病があり残業ができないという人のグループがいる。こういったいろんなグループが存在することを認め、いろんな人が活躍できる場所をつくるということだと思っている。

それに対して、ここでいう個人を大切にしているとは、まさしく目の前にいる人、一人一人の存在を大切にしているということだ。一人一人の気持ちに寄り添い、向き合っているということだ。「営業職だから」「育児中の人だから」というグループでひとくくりにしないで、目の前の人の存在を大切にするということである。

たとえば、東京にあるY社は、精神障害のある従業員を雇うことになった。普通の人でも初出社の日は緊張するものであるが、精神障害のある人は、いままでと違った環境に必要以上に戸惑い、中にはパニックを起こすような人もいる。しかも、彼は働くのが今回が初めてだった。いままでは就労支援施設にいた。そんな彼にいきなり机越しに相対して、入社のオリエンテーションを始めたら、きっととても緊張するだろう。その緊張感に耐えられなくなり、次の日から来なくなってしまうかもしれない。出社するとしても、いやいやの出社になるかもしれない。

Y社の経営者はいろいろ思案し、仕事云々より、まずは、会社の存在するこの街を知ってもらい、この街の風景に馴染んでもらって街を好きになってもらおうと考えた。

入社初日、経営者は、新入社員の彼を出社早々、外に連れ出した。一緒に30分くらいの散歩に出かけたのだ。歩きながら街を案内し、お互いのことを話し合い、仕事を始めるうえでの不安などを取り除いていった。

最初がスムーズにいった結果、彼は会社に馴染み、いまでは組織になくてはならない一員となっている。

こういう事例をお伝えすると、こんな効率の悪いことを一人一人にやっていたら、会社は成り立たないと言う人もいる。確かに効率は悪く見える。ただ、こういう向き合い方を全従業員としている会社は強い。その経営者の姿を見て、みんながお互いのことを思いやり、助け合おうという精神が自然と植えつけられるのだろう。その結果、強固なチームワークが醸成されていくのだと思う。この会社は、ある分野では全国でも1〜2位を争う売り上げで業績も好調だ。

私に強烈なインパクトを与えてくれたカンボジアの「伝統の森」も、個人を大切にしている場所だ。

仕事の役割は決められているが、それを本人の意思で変えることができる。たとえば、シルクを織っていた人が、妊娠中でつらかったら、糸を紡ぐ仕事に変わる。糸を紡ぐほうが自分の性に合っているとして変わる人もいる。それに伴い給料も変わるが、そのように自分に合わせて、変えることができるのだ。けっして、一般の会社のように業務の都合が先にあって、それに伴い職種を変更するのではない。本人の状況、考えが先にあり、それに合わせて仕事が変わっていく。

森本さんが、仕事はつくればいくらでもあるから、人を雇ってから、その人に合った仕事をつくることもできると語っていたのが印象的だった。だから、この場所ではどんな人もはじき出されない。それぞれが自分の特性を活かして生きることができる。

コラム　第４の居場所という名のインターネットラジオ局

東京から沖縄まで全国７ヵ所にスタジオを持つインターネットラジオ局がある。名前を「ゆめのたね放送局」という。私もこの放送局の中で、「ラジオ　運命図書館」という番組を持っている。１ヵ月に５００以上の番組が放送されているが、パーソナリティはみんな素人だ。人は、誰かに自分の想いを発信したい欲求を持っている。このラジオ局は、それに応えてくれる。その自由な空間に、10年以上引きこもっていた人や、ＬＧＢＴなど社会的マイノリティの人も集まり、それぞれのやり方で自分を表現している。

ここは、単なるラジオ局ではなく、みんなにとっての居場所なのだ。誰もが、安心して、存在していい場所である。

こんな場所をつくったのは、岡田尚起氏と佐藤大輔氏の２人だ。２人の子供時代からの体験がこのラジオ局をつくりあげた。

岡田氏は、子供の頃から難病を抱えていた。佐藤氏は個性が強すぎた。そんな２人は、世の中に生き難さを感じていた。でも、どこかに居場所があれば、人は強くなれる。そんな想いがこの放送局の根底にある。

そして、目指したのが、ラジオ放送局という、言葉で自由に自分を表現できる場でありつつ、それを媒介にして「心を寄せ合う場」「絆を生み出す場」としての場所だ。この場所を「第4の居場所」と位置付けている。

「サード・プレイス」という言葉がある。アメリカの社会学者レイ・オルデンバーグは、その著書『ザ・グレート・グッド・プレイス（"The Great Good Place"）』で、〝ファースト・プレイス〟を自宅などの生活を営む場所、〝セカンド・プレイス〟は職場や学校など、おそらくその人が最も長く時間を過ごす場所。そして、〝サード・プレイス〟は自宅や職場を離れて居心地がよく、より創造的な交流が生まれる場所とした。そのサード・プレイスを超えて、居心地のいい居場所であり、かつ、自由に表現ができ、さらに心のつながりも感じ合える場所としてこのラジオ局があり続けている。

会社とは違う形であるが、ここには「人を温める」場がある。

利益を一番とは考えていない

温める会社の特徴として忘れてはならないのが、利益についての考え方である。温める会社は、どこも利益を出している。利益の多寡はあれど、実際に利益を出している。

しかし温める会社は、**儲かることが一番大切なことだとは考えていない**。利益は、会社が存続していくために必要不可欠なものであるが、それを目的とはしていないのだ。だから、儲かることが人を不幸にするのであれば、あえて目先の儲けを捨てることもある。

東京にあるNH社の営業会議は面白い。社長が仕事を取らないように指示しているのだ。会議の場では、案件の受注見込みについて話をする。その中には利益にはなるが先方の要求が厳しいものもある。そんな案件をどうやって受注するのかについて、話し合いがなされる。そんなときに社長は、「そもそもこの仕事を取る意味があるのか？」「儲けにはなるかもしれないが、それでみんながつらい思いをするならば意味がないのではないか？」と投げかけ、時として仕事を取らないように指示するのだ。

この社長は、「僕は利益が一番ではないんだ」と常々言っている。しかし、実際にはこの会社はここ数年、過去最高益を更新し続けている。

また、人材紹介会社P社も会議の場で次のような会話がなされる。ある担当者が「A社にBさんを紹介しようと思う」と提案すると、他の人から、「そもそもA社は何を求めているのか？」と質問があがる。それに対して、「△のスキルがある人が欲しいと言っている」と答えると、「そのスキルが必要なために Bさんを紹介する意味があるか？　残念ながらBさんのスキルではA社の仕事は物足りないのではないか。△のスキルなら、Cというシステムを導入したらすむことなのではないか？　それをA社に提案したほうがよくないか」という感じだ。

このP社は人材紹介会社である。人を紹介してはじめて商売が成り立つ会社だ。だから、自社のことだけを考えたら、Bさんを紹介して手数料をもらえばいいのである。しかし、A社にとってもBさんにとってもよくないということであれば、自分たちの利益を逃しても仕事をしない。

しかし、このP社もこうした社の姿勢が相手の信頼を得て、少人数のベンチャー企業ながら、顧客のほとんどが誰でも知っている有名企業ばかりだ。そして、売り上げも創業以来伸び続けている。

ここで大切なのが、温める会社は利益を一番の目的とはしていないが、どの会社も利益は追求しているということだ。ただし、それが一番ではないため、他に大切にしていることとバッティングした場合には利益を捨てて他に大切にしていることを優先するのに迷いがないということである。

これらの会社には、「利益より大切なものがある」という価値観に人間らしい心が感じられる。それは従業員からは、「会社は我々を売り上げを上げるマシーンと見ているのではなく、一人一人血の通った人間として見てくれている」という思い、「会社は我々に『本当に顧客のためになることをしている』というプライドを持たせてくれている」という思いにつながる。これはけっして、ビジネスライクだけでなく、従業員個々の心を大切にしているメッセージである。

因果応報という言葉があるが、人はそういった心には誠心誠意応えようとするのだ。つらい思いをしてまで利益を出さなくてもいいという経営者のメッセージを受けて、その代わり、他の仕事をしっかりやってそこで利益を出そう、経営者が我々のプライドを守ってくれたから、それを維持して結果を出そう。そんな心が働くのである。

だからこそ、結果として利益を出す会社になっているのである。

第4章　ここが危ない！　冷やす会社に陥る落とし穴

まじめな人ほど陥る、目的と手段の混乱

第2章の働き方改革の混乱のところでも触れたが、社労士として多くの企業の現場を見ていると、目的と手段が混乱してしまっている場面に数多く出くわす。本人たちは気づいていないのだが、目的を見失っていたり、手段がいつの間にか目的となってしまっているのだ。

有給休暇の取得率がよくない会社があった。経営会議の中で、「休養や気分転換のために有給休暇をもっと取得しやすい環境にするべきだ」という話になった。その方針を推進するために、有給休暇取得率の目標を会社全体で80%とした。

そのこと自体はよかったのであるが、これを推進するにあたり、部署内では、上司が部下へ有給休暇の取得を強引に推奨するようになった。「君は、まだ有給取得率が30%だ。あと4ヵ月の間で最低でも10日間は取得してもらわないと困る」「今月で期末だ。君は今月中に8日間有休を取得してくれ」と仕事よりも休みを取ることが優先されるようになった。

現場からは、「休暇を取ることでその前後が忙しくなり、これでは何のための休暇なのかわからない」「会社の都合で強引に休まされても少しも嬉しくない」という不満の声があがった。確かにこうなる前に、もっと計画的に休みを割り振る必要があったことは否めないだろう。

有給休暇の目的は、法的な趣旨はさておき、多くの会社では、休養や気分転換をする時間を従業員が持つことにあると思う。さらに有給休暇を取ることで、心身の健康を保ち、仕事にいい結果をもたらすこと、会社への帰属意識を高めることこそが本来の目的だろう。しかし、**数値目標を定めた途端、本来の目的を忘れ、とにかく取得させることが目的となってしまったのだ。**そしてそのことのおかしさについて、当の本人たちはまったく気がついていない。

こういう事象に陥るのは、まじめな会社、まじめな人のほうが多い。

このときも私が会議上で、「そもそも何の目的で有給休暇の取得を推進することにしたのでしたっけ？　現在のやり方で本当の目的が達成されますか？」と投げかけた。すると、このような会社は、そもそもまじめな会社なので、私の問いかけで本当の意味に気づき、修正してくれた。

この有給休暇の例は典型的だ。本当は、人を温める制度（手段）であったのに、それに固執して目的化してしまったために、有給休暇のために仕事が滞ったり、不自由を感じるようになり、結果的に有給休暇が人を冷やすものになってしまった。

２０１９年春からは有給休暇の一部について取得義務が課されることになる。そのため以後は、少し趣旨が変わってしまうが、本来の有給休暇は「取得することができる」ものであって、「取得しなければならない」という義務ではない。したがって、会社として整備すべきことは、「絶対取得する仕組み」ではなく、「取りたいときに誰でもが取りたいと言える雰囲気」であるはずなのだ。

法律を守ることが目的に

さらに手段と目的の混乱は、法律関連でも多い。法令順守は、現代ではとりわけ必須的に求められることだ。ただし、法律を守ることがあまりにも重要視されるために、関係する人が不幸になってしまっては意味がない。

最近、ある会社から相談があった。その会社ではセクシャルハラスメント（以下「セクハラ」）とパワハラの問題が立て続けに起こった。そこで、セクハラやパワハラが起こらないように注意喚起の研修をしてほしいという依頼であった。

そのこと自体はごく自然のことかと思う。しかしこのとき、対応した先方の人事部長のオーダーが気になった。

「二度と、セクハラ、パワハラ問題が起こらないようにその境界線をレクチャーしてくれ」というのだ。

私は、「大まかな基準はあっても、ここまではセーフなんてしっかり線引きできるものはないのですよ」「極端なことを言えば、同じ発言をしたとしても、相手がハラスメントと思えば、ハラスメントですし、そう思わなければハラスメントじゃないんですよ」というお話をした。

しかし人事部長は、「それでは、研修する意味がない。はっきりと線引きを示さないとみんな困惑してしまう」と納得がいかない様子だった。

この人事部長の発言は、法律違反をしないことが目的となってしまっている典型的な例だろう。

本来は、ハラスメントを禁止することが一番の目的ではないはずなのだ。組織で働く誰もが、生き生きと自分らしくいられることが目的のはずなのである。ハラスメントがあることで、それが阻害されるから禁止するのだ（ちなみにセクハラについては法律上の定義があるが、パワハラについては現在のところ法的な定義はない）。

そのポイントを外して、神経質になると、「ハラスメントを起こさない一番の策は、社内の人とは、必要最低限しか関わらないこと」ということになってくる。関わらなければ、ハラスメントに問われることもない（ただし、それが「職場の中で無視された」としてパワハラと指摘される可能性はある）。

実際、ハラスメントに必要以上に神経過敏になっている会社は多い。ハラスメントと呼ばれる可能性が高いから、「部下とは個人的には飲みにいかない」「女性の従業員と2人になるようなシチュエーションは避ける」「プライベートに関する質問は一切しない」といったルールを決めている会社もある。

とにかく問題を起こさないようにという後ろ向きな発想からの行動だ。こうすることにより、確かにハラスメントの問題は起こりにくくなるかもしれない。ただしこれでは、お互いのこともよく知り合えない。前述したように、人はよく知らない人には親近感を持ちにくい。親近感を持たない人には良心は発揮されにくい。その結果、組織の中の人間関係はどんどんドライになっていく。そうなれば悩みも話しにくい。それが積もりに積もっていくと、時として精神のバランスを崩し、うつ病などになっていくこともあるかもしれない。

このように法律の裏にある精神をよく検討してそれを忘れないようにしないと、本末転倒なことが起きる。そして、**法律の裏にある精神と、「良心」の方向性はほぼ同じ**だ。したがって、**良心で考えると、たいてい間違った方向にはいかない**ということを知っておきたい。

クレームを言われないことが目的に

私がまだ東京を中心に仕事をしていたときのことだ。マンションを借りることになった。大家は大手の不動産会社だが、その契約書の内容が細かいのだ。細かいのはしかたないが、その内容から明らかに自分たちの損害を少なくするためという点からつくられていることがよくわかる。携帯電話の契約もそうだ。店頭でたくさんの書面を渡され、説明され、その説明を受けたことにいちいちサインや、書類にチェックをつけさせられる。これも、お客様のことを思っての対応ではない。明らかにお店側の保身のためだ。

目の前の店員さんを見て、「大変だなぁ。こんな説明を一日何十人にやっているんだなぁ。つらくないのかなぁ」と思ってしまうことがある。

自己防衛のための行動は、行きすぎると相手の心を冷やす。そんなにいろいろ求めるならば、こちらも相手にいろいろと要求しよう、契約書に書いてないことならば、こちらの自分勝手にやってもいいんだよね、という発想になっていく。

どこの会社も同じようなことがあるのではないだろうか。

保身が必要ないと言っているのではない。他のことと同じで、バランスの問題である。**クレームを言われないようにしようではなく、どうやってお客様に喜んでいただくかの視点に重きを置かないと、関係性が構築されない。**

問題社員対策に奔走する

人事労務の現場では、「問題社員」という言葉によく遭遇する。「問題社員」という言葉自体、私は好きではない。また、何をもってそういうのかもはっきりしないところがある。一般的には、「秩序を乱す人」「会社にとって反抗的である人」「会社のやることに批判的であったり、非協力的であったりする人」。このような人のことを言う。

確かに経営者からしてみたらこういう従業員は厄介だ。厄介なだけではなく、秩序を乱すことで他の従業員のモチベーションを下げたりなど、実際に被害を被る場合もある。よって、なんらかの対策を立てたくなる。実際に「問題社員対策」などとネットで検索するとたくさんのサイトが出てくる。

社労士の立場からすると、確かにこのような従業員はいる。それに対してノーガードでいるというわけにもいかず、なんらかの対策は必要だ。しかし、これに執着しすぎるのはどうかと思う。

たとえば、「△△という悪さをする従業員が出てくるかもしれない。それに対応して『△△した場合は懲戒処分にできる』という規定をつくっておこう」「あとで懲戒処分にできるように、従業員への注意は口頭ではなく書面にして証拠を残しておこう」などと、会社のルールや運用がすべて性悪説に基づき、いざとなったら会社が有利に従業員を解雇したり、懲戒処分ができるように設計してしまうのだ。

これは、社労士のような専門家にアドバイスを求めるほうが起こりやすい。残念ながら、私自身もそのような囚われがあった時期がある。

このようにしておけば、仮に問題を起こす従業員がいて裁判で争うようになった場合でも、会社側に有利に働く可能性はある。しかし、実際にそのようなことが起こる可能性がどれくらいあるのかが問題だ。

「問題社員」というが、そのような従業員が、全体のどれくらいを占めるのだろうか。通常の会社では5％前後くらいではないか。つまり、95％は、真っ当な従業員だ。

この真っ当な従業員が右のようなルールや労務管理に対してどのように感じるだろうか。その会社に対して良心が開いていくだろうか。帰属意識は上がるだろうか。おそらく、その反対で、心を閉ざし、会社からどんどん離れていくのではないだろうか。会社が従業員を性悪説で見れば、従業員も会社を性悪説で見る。**会社が従業員を性悪説で見ておきながら、従業員は会社もしくは経営者を性善説で見てほしいというのは虫がいい話**だ。

しかし、実際にこのような対策を考える会社は、経営者がまじめで、会社のことを真剣に考えている場合が多い。また、問題を起こす従業員のおかげで嫌な思いをした経験がある方も多い。だからこそ偏りすぎてしまうのだと思うが、この結果、その会社は冷やす会社になってしまっている。

繰り返すが、問題社員対策が不要と言っているのではない。そこに偏りすぎて、95％の真っ当な従業員が置いてけぼりになることが問題なのだ。

すぐに懲戒処分にしようとする

会社を経営していると、いろいろな問題が発生する。問題の発生元には、何らかの形で人が絡んでいる。従業員が問題を起こした場合、会社は従業員に責任を取らせることができる。

実際には、会社の中での責任の取らせ方といえば、降格や異動、懲戒処分などがあるだろう。これらは、程度とのバランスにもよるが、就業規則に定めがあれば、行うことができる。これはあくまで「行うことができる」であり、実際に「行わなければならない」ではない。

ところが、中には、すぐに従業員を懲戒処分しようとする会社がある。

こういう会社は「▲という問題が起きた。これは就業規則違反である。このまま放置していると会社として示しがつかないので、懲戒処分したい」と切り出すことが多い。

もちろん、懲戒処分してもいい。しかしこれもまた、問題の程度による。会社は警察や裁判所ではない。問題があった場合に、裁く場所ではない。たいていの場合は、上司が叱ればすむことが多い。

これも問題社員の対応に奔走する会社同様、まじめで会社のことをよく考えている経営者に多い。そのため、他の従業員のことを考え、「なんらかの処分をしないと他のまじめな従業員が損をすることになるだろう」という意識が働きすぎてしまっている。

だが、懲戒処分や責任を取らせることが多い会社ほど、社内に「何かやって失敗でもして処分されるなら、何もしないでおこう」という空気が流れる。そのうち、言われたことだけやろう。あまり会社のことに首を突っ込むのはやめようという考えが会社の中に充満し、冷やす会社になってしまう。

実際にある会社ではこんなことがあった。総務部で事務を担当していたベテランのパートタイマーのAさん。経験も長くいろいろなことをよく知っているのだが、何しろミスが多い。特に単純な入力ミスなどが多いのだ。それも、本来は最終確認の段階でチェックリストに沿って確認をしなければならないのに、彼女は、ベテランとしての慢心からかそれを怠ることが多かった。そしてミスにより、他の従業員にも迷惑がかかることがたびたびあった。若い従業員からは、「Aさんをどうにかしてください」「Aさんと一緒に仕事をするとこちらが振り回されて残業になって困ります」という声があがってきた。

上司も何度も注意した。注意されると、「はい。これから気をつけます」と言ってチェックリストも使うようになるが、しばらくするとまた使わなくなり、同じミスを犯す。あまりにもミスを繰り返すので、会社は「業務命令違反」として減給処分をして、月の給与から3

万円を差し引いた（じつは、懲戒処分として減給するときは法律の決まりがあり、3万円も差し引けないのだが、それはここでは横に置いておく）。

彼女自身もこれには相当ショックを受けた。しかし、ショックを受けたのは彼女だけではなかった。なんと、「彼女をなんとかしてください」と上司に苦情を言っていた周囲の従業員もショックを受けたのだ。「確かに彼女は問題があったけれど、彼女も一生懸命やっていたところもあった。それに親切に私たちに指導してくれたこともあった。それをひとつのことだけを取って懲戒処分にするなんて行きすぎなのではないか」。そんな声があがってきたのだ。

会社は、他の従業員のことを考え、彼女を懲戒処分としたのに、それがかえってみんなを冷やす原因となってしまった。

利益を上げることが一番の目的に

学習塾を経営しているT社の話だ。T社は、関東郊外に5ヵ所の教室を持つ。

その塾では、本当に教えることが大好きな先生が、親身になって生徒のために教えていた。それが評判を呼んで地元では大人気の塾だった。先生たちは休みの日も授業の研究に余念がなかった。それは、無理やりというより、「本当に教えるのが好き」という雰囲気が伝わってきた。休日はほとんどなかったが、つらそうな感じはなかった。それは、引き換えに自由があったからだ。教えるのが好きな人たちが、自分なりの工夫を加えて授業をする。そして、その結果、生徒の成績が上がるのをダイレクトに見ることができる。そこにやりがいを感じていたのだ。

しかし、労働法（労働に関するルールを定めた複数の法律をまとめて、こう呼ぶ）的に見たときは、あまりにも問題があったので、労働時間を整えるお手伝いをさせていただいた。

それからしばらく経って、その塾の経営者から連絡が来た。最近、離職率が高くて困っているので相談に乗ってほしいとのことだった。

伺って話を聞いてみると、私がお手伝いをした2年後に、同じく学習塾を経営している人から紹介された経営コンサルタントに指導をお願いしたそうである。

そのコンサルタントから、「お宅にはムダがたくさんある。ムダを省けばもっとたくさん利益が出るはずだ。同じ規模の塾の経営者と比べてあなたの役員報酬は少なすぎる。私に任せてもらえれば、もっと役員報酬を取れる」と言われたそうだ。

「それならば」と指導を仰いだ。

そのコンサルタントは、塾内のムダと判断したものをたくさん取り除いていった。それは確かに効果的なものもあった。しかし、先生たちが授業後に残って明日の授業のためにやっていた準備もムダとしてやめさせてしまった。その分の人件費がムダだというわけだ。そして、それを暗に自宅でやるように指示した。

また、先生たちに対し、夏期講習や特別ゼミなどを受講する生徒数のノルマを課した。つまり、生徒に対して講習やゼミの営業をするよう促した。

そんなことをしているうちに、先生たちはだんだんと授業に対する熱意が冷めていった。それは経営者自身が肌で感じていた。以前は、授業後に経営者も含め、みんなで今日あったできごとや家族のことなどを話していたが、そんな会話もなくなってしまった。みんな、自分の授業が終わって事務室に帰ってくると、残務整理だけしてそそくさと帰ってしまうようになった。

そのうち、退職する先生が出てきた。いままで明確な理由がなく辞める先生はほとんどいなかったのに、立て続けに辞めるようになってきた。しかも、年度末でなく、1年の途中で辞める先生も出てきた。こんなことはいままでなかった。

ちょっと前までは、一人の先生が体調不良などで授業ができないときは、経営者が口を出すまでもなく、先生同士でカバーし合うような関係だったのに、いまは経営者が個別に頼んでしぶしぶ代行授業するような感じになってしまった。

そんな変わり果てた塾の姿は、私にとってもショックだった。

この塾は、もともと利益が出ていたのだ。そのうえで、生徒や親に喜ばれることや、先生のやりがい、そういったものをもっと大切にしていたのである。

それが、あるときから、利益が一番の目的になってしまった。

そのときを境にして、温める会社から冷やす会社に変わってしまったのである。

この経営者は、確かに自分の役員報酬をもっと欲しかったというのもあるが、先生や事務スタッフの処遇をよくしたいという思いもあった。しかし、利益を一番にしてしまったために、大切なものまで失ってしまったのではないだろうか。

ここで怖いのは、経営コンサルタントがけっして悪人ではないということだ。このコンサルタントは、「利益を徹底的に追求することが善」と心底信じており、塾のためを思って誠意を持ってコンサルティングをしたのだ。

そして、収益の面から見ると、結果をしっかりと出している。

ただ、私が違和感を感じたのは、以前と塾内の雰囲気がすっかり変わってしまった点だ。

この経営者自身も授業を持っていたので、私と打ち合わせをするときは、授業が終わった後の夜遅い時間だった。昔はその時間でも明るい表情でパワフルだったのに、いまではとても疲れた顔をしている。以前より利益が出たのに、少しも幸せそうな感じがしなかった。

第5章　温める会社はクレドから始まる

重要な会社の軸

「温める会社」は理念や行動指針のような、会社の軸となる考え方が「温める」ものになっている。これは、しっかりと言葉で定めている会社もあれば、言葉にはなっていないが、みんなの中の共通認識としてそういうものがある会社もある。

ちなみに、クレドや行動指針、理念といった言葉を、それぞれの意味合いを理解して使い分けている会社もあるが、多くの会社は、言葉の使い方は曖昧だ。また本書では、それらに明確な定義をつけて分類することを目的としてはいない。

私がここで伝えたいのは、**会社の軸となる考え方そのものが「温める」ものになっている**ということだ。

一応、この本の中では、会社の軸となる考えを表現したものを「クレド」という言葉で表現しておきたい。ただし、個別の会社の事例を紹介する場合は、その会社で使われている名称にしておく。

このクレドだが、経営者のもともとの想いや体験からできあがっている場合もあるし、従業員も含めてみんなで考えた場合もある。

私の経験からいうと、みんなで決めるほうが社内に浸透しやすいようだ。

たとえば、ある会社では、経営理念から派生し、自分たちの存在意義を表す「コア・パーパス」、そして、自分たちらしさを表す10の「コア・バリュー」をつくった。

コア・パーパス、コア・バリューは従業員も巻き込んで会社全体でつくった。

「地域事業者と共創し、生活者の豊かな住まいづくりのソリューション（解決策）をお届けする」というコア・パーパスのもと、「お客様の真のよろこびを追求する数字では表せない領域に『感動』はある」「『オープン』『フェア』かつ『温かみのある』人間関係チームの和を育む最大の力は『仲間』」「『称賛』『感謝』はすることに価値がある」「『いいね！』を増やす」などのコア・バリューができあがった。そして、実際に、コア・バリューに基づく行動に、従業員同士が「いいね！」を送り合うシステムもつくった。

こうした取り組みは、徐々に会社の中に、価値観を浸透させた。その結果、実際の従業員の日々の行動にも変化が現れ、お客様や周囲からもお褒めの言葉をいただくことが多くなったという。

仕事も幸せにつながっていく

ここでは、私がクレドをつくるときの一般的なやり方を簡単にご紹介していく。

私は従業員にも参加してもらうやり方でクレドづくりをしている。全員参加できればいいが、それが許されない場合は、プロジェクトをつくり、そのメンバー6～7名と一緒につくっていくことが多い。

そのプロジェクトでは、会社のクレド作成にもかかわらず、会社のことを聞く前に参加者に自分自身のことを聞いていくことから始める。自分の大切にしていること、自分のなりたい将来と会社が大切にすることに乖離《かいり》がある場合、クレドはただのお題目になる可能性が高いからだ。

そこで、「自分のなりたい将来」を聞く。それから「なんでそうなりたいのか？」と重ねて聞いていく。それを突き詰めていくと、みんな最後には「幸せになりたい」という言葉になるのだ。これは第1章でも述べた通りだ。

これは、何度やっても、誰にやっても不思議なくらい同じ言葉になる。

大変失礼だが、「あなたの口からそんな言葉が出てくるの……」と思わず笑ってしまうくらい強面の経営者からも同じ言葉が出てくる。

どんな人でも幸せになりたいのだ。

このようなワークを通して、**仕事も幸せにつながっていくことが重要**であるとみんなが気づくことになる。

幸せになる方法を本当はみんな知っている

次に、こんな質問をしていく。

「幸せになるためには何が必要ですか？」

すると、「お金があること」「家族が仲良く暮らせること」などさまざまな答えが返ってくる。そこで、「お金があれば幸せですか？　ならば、銀行強盗をしてお金を手に入れたら幸せですか？」と質問する。

当然、答えは、「ノー」と返ってくる。「オレオレ詐欺でお金を手に入れたら幸せですか？」と聞く。「お金がたくさん手元にあったら一瞬楽しいかもしれないが、心底楽しめない気がするから違う。そもそも犯罪だし」と答える。

では、「宝くじで1億円当たったら幸せですか？」「宝くじで手に入ったら幸せかもしれない」と答える人もいる。それに対して、「では、宝くじに当たる可能性はどれくらいありますか？　宝くじに当たることに自分の一生を捧げる人生は幸せですか？」と聞くと、「ノー」と返ってくる。

「では、やりがいのある仕事でお金が稼げたら幸せですか」と聞くと「はい」と返事する。

「やりがいのある仕事とは何ですか？」と聞くと、ここで多くの人が、「世の中の役に立つ仕事」「人に喜んでもらう仕事」と答える。

この展開もほとんどの会社で同じようになる。

そうなのである。人はみんな幸せになりたい。そして、幸せになるためには、自分のためではなく、「世のため人のため」に動くことだとみんな知っているのである。

私は最初にこのことに気づいたとき、鳥肌が立つほど感動した。

なりたい自分を知る

クレド作成研修では、前述のように、まずはメンバーに、個人のなりたい姿、そしてそのためにどうしたいかを聞いていく。それからいろいろな問いを投げかけ、その答えを付箋《ふせん》に書いていく。たとえば、「10年後の自分はどんなことをしていたいか」「人からなんと言われたら嬉しいか」「10年後偶然に再会した人とどんな会話をしているか」など、いろいろな視点から投げかける。

ここでは、自分自身にフォーカスしてもらう。

次に、会社や顧客、業界のことを考えてもらう。これも質問に個々に答えてもらい、それを付箋に書いてもらう。

たとえば、「業界の問題点は何か」「自社の強みは何か」「顧客は自社のサービスを通してどんな利益を得ている（手に入れたいと思っている）のか」などを聞いていく。

これらの答えをできるだけ多く書いてもらう。

みんなの想いを統合する

次に、答えの中から、特に重要（必要）と思うものを5〜6個選んでもらう。

そして、各メンバーが選んだものを模造紙の上に出していく。そうすると、そこにはかなりの数の付箋が集まる。

これらを統合していくのだ。

統合の方法は、内容が近いものを集めて、それをひとくくりにしてタイトルをつける。このようにしていくと、だいたい5〜7個くらいのタイトルができあがる。

それらのタイトルを眺めながら、模造紙の上で相関関係を考える。

ある企業で研修をしたときを例にあげよう。「家族ＬＯＶＥ」「やさしい社会」「未来予想図」「沖縄一働きがいのある事務所」「顧問先の未来」「ＨＡＰＰＹ工房」「心が健康になる」というタイトルがあがってきた。

タイトル相互に相関関係をつけるとは、たとえば、最初のタイトルが叶うと次のタイトルが満たされていくというようなものをイメージする。これは特にルールがあるわけではな

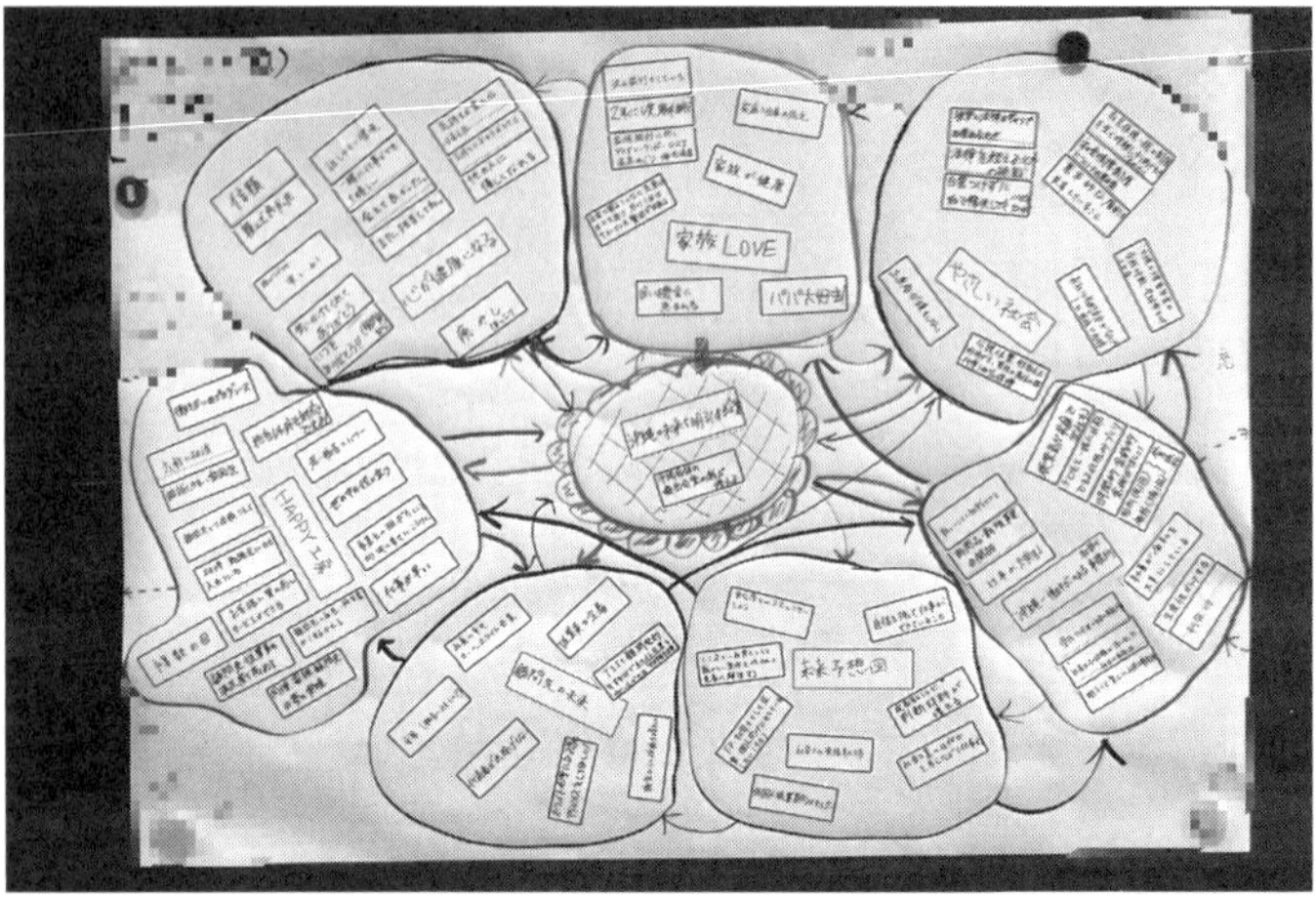

模造紙上にみんなの考えを統合していく。

く、直感で行う。みんなの中にあるイメージを模造紙の上で示していく。

例で示した組織では、それぞれのタイトルに矢印的関係ができるのではなく、相互的に丸く関係し合っているというイメージができあがってきた。そして、これらが丸く取り込む関係になると、「沖縄の未来を明るくする企業」ができあがるということで、真ん中にその言葉が入った。この「沖縄の未来を明るくする企業」というのが、全体のタイトルだ。

つまり、自分たちの思いや業界の問題点、会社の強みなどがひとつになると、「沖縄の未来を明るくする企業」になるんだ！　という流れができあがったということだ。

ここで重要なのは、模造紙の上にできあがる形ではない。重要なのは、各自が考えたことを統合する形で見える化することで、それを感覚として理解してもらうことだ。

このクレドづくりでは、はじめに各メンバーが自分の将来やありたい姿を考えた。これはメンバーそれぞれが個々のことを考えたものだ。そして、会社の将来も考えた。これも何か資料を見て考えたものではない。みんながふだん仕事をしていて直感的に感じていることをそれぞれが言葉にした。これらの一見バラバラなものを付箋に書いて模造紙の上に並べると、じつは、「統合できるね」「ひとつになるね」ということが目に見えてわかるようになる。

そうすることで、自分の将来のなりたい姿や自分の大切にしている価値観の実現が、この会社でこのメンバーと一緒にできるんだということを実感してもらうことがポイントだ。

これが腹落ちしているのとそうでないのとでは、この後の流れが大きく変わってくる。これが実感できていると、クレドがお題目ではなく、本当に自分たちのためになるものとして有効活用されていくようになる。

全体のタイトルの意味を言葉で説明する

次にやることとは、全体のタイトル（主タイトル）を定義付けすることだ。

先ほどの例でいえば、「沖縄の未来を明るくする企業」というのは具体的にどんなことかをみんなで考える。

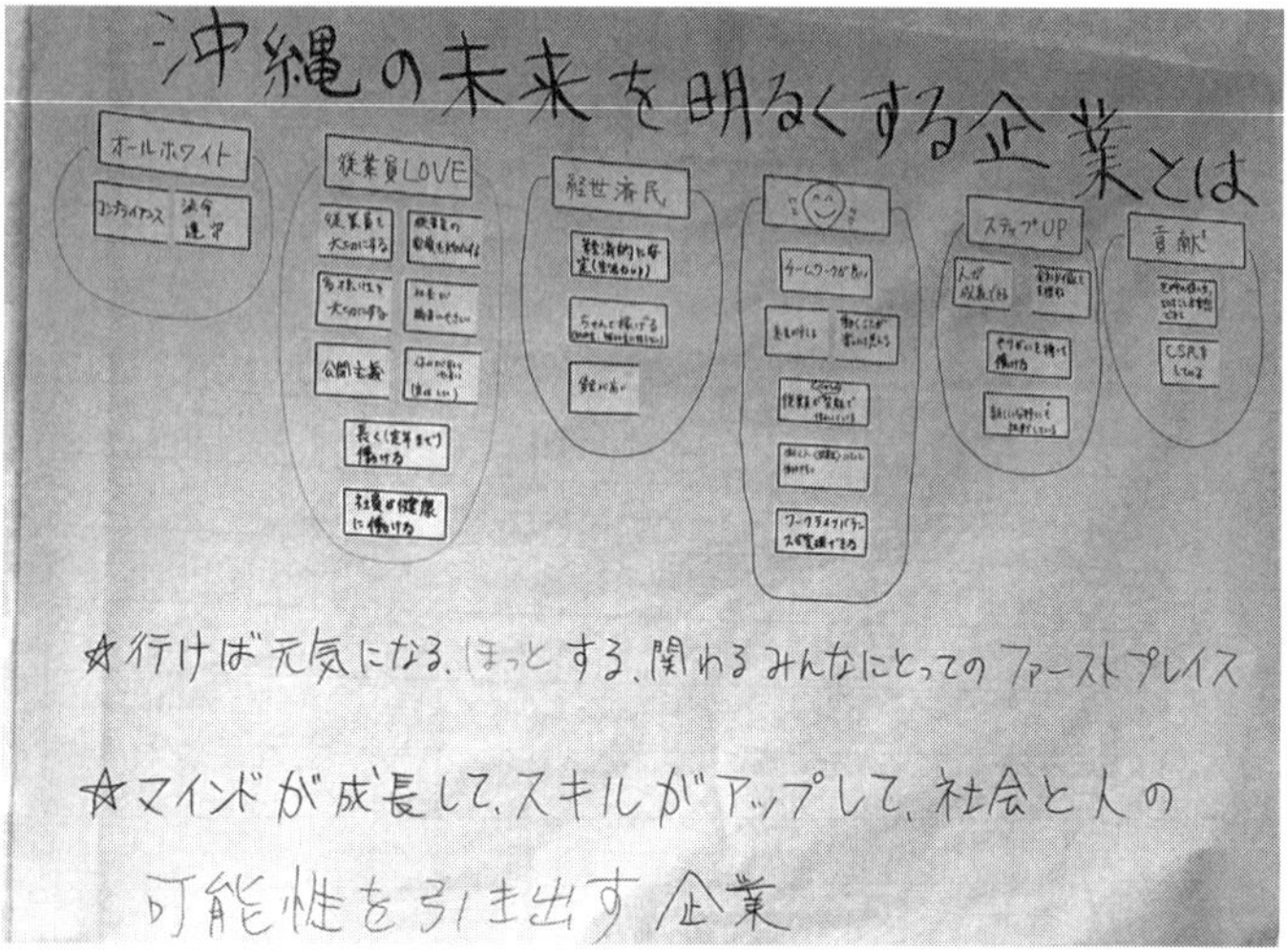

付箋を使い全体のテーマを定義付けていく。

つまり、このやり方はイメージを先行させて漠然としたスローガンのようなものをつくり、その後に、「それって具体的にどういうことなんだろう？」とクリアなものに進化させていく方法だ。

これも付箋を使ってやっていく。

付箋を使うメリットはたくさんある。ひとつは、並び替えやグループ分けなどが容易であること。また、紙のスペースが少ないので、長い文章が書けないため、わかりやすい単語で表現しないといけないこと。

それにも増して最大のメリットは意見が出やすくなることだ。企業研修で「意見を出してください」と促しても、ディスカッション慣れをしている人、もしくは企業全体がそういうことに慣れている会社でない限り、なかなか意見が出てこない。この沈黙が研修を重苦しい雰囲気にし、前向きに物事を考えるリズムを崩す。あらかじめ付箋に書いてもらい、それを発表する形にすることで、テンポよく意見が出てくるようになる。これが、明るい雰囲気をもたらし、場が活性化していくことになる。

前述の企業では、「沖縄の未来を明るくする企業」とは、「行けば元気になる、ほっとする、関わるみんなにとってのファーストプレイス」「マインドが成長して、スキルがアップして、社会と人の可能性を引き出す企業」ということになった。

言葉にすると、シンプルなふたつにまとまったが、この文章に決まるまでの話し合いにたくさんの意味がある。なぜ、「ファーストプレイス」という言葉なのか。「マインドとスキルの両方に着目するのはなぜか」など、議論を重ねたうえでこのようにまとまった。

議論のプロセスが、もう一度自分たちの事業活動を見直すきっかけになったり、メンバーと想いや考えを共有できたり、会社の強みを知ったりするとても重要な時間なのだ。

マンダラ型シートで分解する

こうして決まった主タイトルを、お題目ではなく実現させるために行動に落としていく。そのときに、私は「マンダラ型シート」の方法で分解している。

マンダラ型シートとは、最近では大谷翔平選手が活用していたことで有名になった。多くのアスリート、経営者が活用している方法である。ひとつのことを全方向的に分解していき、その全体像を見える化するのに便利な方法で、オリジナルはクローバ経営研究所の松村寧雄《やすお》さんがマンダラチャートとして開発されている。

やり方はシンプルで、核となるキーワードを真ん中に置き、それを取り囲むように構成するキーワードを8個に分解して置いていく。そして、その8個に分解したキーワードについて、さらに8個に分解して、その周りに置いていく。こうすることで、核のキーワードが64個に分解される。

このやり方は、いろいろなことに活用可能だ。

私がよく使うのは、理念などをクレドに落とし込んでいく場面だけでなく、今期目標を具体的な行動に落とし込んでいく場面、人事評価の指標をつくる場面などである。

メジャーリーガーの大谷翔平選手は、花巻東高校の1年生のとき、マンダラ型シートで核に、「8球団からドラフト1位で指名されること」と置き、そのために必要なことを64個に分解し展開していった。そして、ひとつずつ実行していくことで、より実力をつけていった。実際には、大谷選手は、メジャーリーグに行く意思を表明していたため、日本球界が指名したのは日本ハムファイターズしかなかったが、8球団から指名されるぐらいの実力をつ

お客様に対する姿勢	社会貢献	人間性（人格）
健康WLB	沖縄の未来を明るくする企業	知識技術
将来に対して	メンバーに対して	サービス（どんな仕事をするのか）

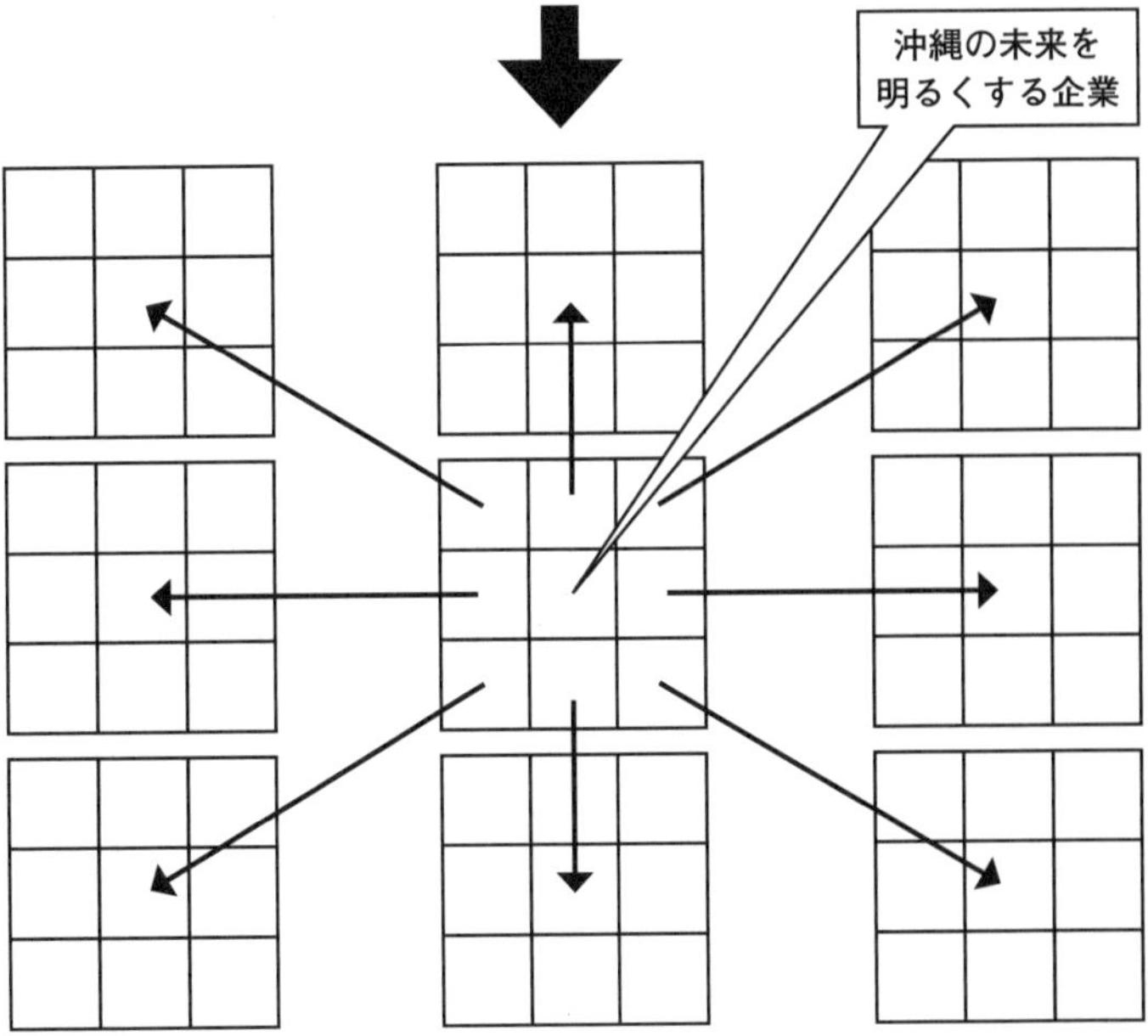

マンダラ型シート

けた。

クレドの場合は、真ん中に置いたものを実現するために必要なことを8項目あげてもらう。これはカードを使いながら、みんなの意見を統合してつくりあげる。そして、それをさらに8項目ずつに分けていく。細かく分解するほど、日常的な行動に落とし込まれていく。

こうしてできあがった、外側の64項目の中から、特に重要と思われる行動を5〜10個ぐらい選んでもらう。そして、それをもう一度文章にしてもらい、クレドとする。

この方法でやるメリットはたくさんあるが、主なところはふたつある。

ひとつは、64個の全方向的なものを一度見える化したうえで、その中から重要なものを選び出せる点。

そして、もうひとつは、クレドとして選んだものが現場でそぐわなくなった場合や反対にそれがみんなの中で当たり前のものになったときには、すでにできあがっている64の中の他の項目から見直せばいいので、作り替えが早いことだ。

日常の中で指針を落とし込んでいく

こうしてできあがったクレドは、活用されなくては意味がない。そこで、その浸透も仕組みにしておく必要がある。

たとえばある会社では、社内SNSを使って、クレドに沿った行動をしている従業員に、「いいね！」を送っている。「いいね！」の数がたまることで、自分自身の行動が強化されていく。

これは、ここ10年くらい、石田淳氏などが多数の本を出版し、日本でも知られてきている行動分析学的観点からも言える。「いいね！」というのは、承認の証拠だ。他人から自分の行動が素晴らしいと認められたということだ。人には承認欲求があるので、他人から認められるということは「快」だ。

行動分析学の考えでいくと、何か行動をしたことにより、人は「心地よい感覚」を得ることができたら、その行動は強化されていく。つまり、繰り返されていくということだ。クレドに沿った行動をすると、仲間から「いいね！」という承認をもらえる。クレドに沿った行動をしないと「いいね！」という承認はもらえない。すると、人は「快」が得られるクレドに沿った行動を繰り返していくようになる。

そのような仕組みをつくって組織に浸透させている。

また、ある会社では、朝礼時を活用している。朝礼のときに、当番を決めて、クレドに関連したできごとを3分間スピーチしてもらう。そして、その内容を書記係が書き留める。このようにして書き溜めた内容を一定期間が経過したときに、クレドの項目ごとに並べ替え、それを従業員ハンドブックのような1冊の冊子にして、全員に配る。

朝礼で順番にスピーチしないといけないとなると、各人がクレドを意識するようになる。

そして、スピーチすることにより頭の中で整理することになる。また、ハンドブックにして項目ごとに並べ替えることによって、クレドに沿った行動の指針集ができあがっていくメリットもある。

他にも浸透方法はあろうかと思うが、このような継続的な仕組みが重要になってくる。

第６章　温める会社の社内ルール

就業規則で決めること

通常、会社には就業規則がある。ただ、法律上は10人以上従業員がいる会社に作成義務を課しているので、10人未満の場合はなくても法律違反にはならない。

そもそも就業規則とは何か。簡単に言ってしまえば、従業員の権利や義務を含めた働くうえでのルールが書かれているものだ。

会社によってもさまざまだが、たいていの場合は、生命保険の約款のように、細かいことが難解な言葉で書かれていて、経営者や人事担当者ではない限り、3分で眠くなるようなものが多い。

それもそのはず、一般的に就業規則は、従業員に周知されているのであれば、その内容が労働契約になるとしているからだ。たとえば、会社から転勤命令があったときに、「俺は会社から転勤があるなんて聞いていないし、転勤に応じるなんて約束した覚えはない」と言ったとしても、就業規則に「従業員は会社の転勤命令に従わなければならない」と書いてあったら、それが労働契約の内容になっているので、従わなければならないということだ。

また、会社が懲戒処分をするときも、就業規則にあらかじめ「●●の場合には懲戒処分をする」と明示しておかなければならない。したがって、どうしても細かくなるし、人によって解釈が異なるような表現を避けるため、堅苦しくなってしまうのだ。

そんな就業規則であるが、じつは法律で定めなければならないことと、会社の裁量で定めなくてもいい部分がある。

法律で決まっている部分とは、「始業時刻や終業時刻」「休日」「給与の支給日」「有給休暇の付与日数」「懲戒のルールを定めるならば、その種類と程度」などだ。

それに対して、会社が任意で定めていい事項とは、一般的には、服務規律や制定趣旨、就業規則の解釈や運用などだ。これらについては、法律に反しない範囲で自由に定めることができる。

そして、**温める会社は、この会社が独自に定めてもよい部分に着目して、工夫を加えている。**どのような工夫かはのちほど述べる。

就業規則はつくるのが目的ではない

就業規則作成依頼を受けて打ち合わせをする中で、起こりがちだったのが、就業規則を作成することが目的となってしまっているケースだ。これは、特に大企業で、人事部が就業規則を作成する場合などに多かった。「法律が変わったから」「社内にいまの規則では対応できない問題が起きたから」といった理由で、就業規則を変えたいというオーダーだ。それらの問題に対応しないといけないことは確かだ。しかし、それが目的になると、業務が滞ったり、規制ばかりになったり、ルールがありすぎて現場の人には何がなんだかわからないといった弊害が出てくる。

そもそも就業規則の目的とは何であろうか？

従業員が会社のルールを理解することにより、社内の秩序が維持され、業務が円滑に進み、また、会社への帰属意識が高まったり、従業員のモチベーションに寄与したりするプラスの効果をもたらすためだ。

就業規則があることにより従業員のモチーベションが下がるのは以ての外である。そこまでいかなくても、何か問題があったときにだけ引っ張り出してきて、「じつは今回の君の行為は懲戒処分のこの項目に該当するから減給処分なんだ」と懲戒や解雇するための道具としてのみ存在するのはおかしい。

つまり、プラスの効果に作用するため、どんなルールが必要か、どんな表現方法がいいのかなどを工夫する必要があると私は考えている。

同じことを言うときも、表現ひとつで印象が異なってくるものだ。

たとえば、次のふたつを比べてみて欲しい。

「有給休暇を取得する場合は前日の終業時刻前までに所属長に所定の書面で申請しなければ

ならない」

「従業員は、前日の終業時刻前までに所属長に所定の書面にて申請することで有給休暇を取得することができる」

伝えたい内容は同じであるが、後者のほうが従業員側により能動的な印象を与える。

もし、会社が従業員に有給休暇の消化を促したいのであれば、後者の表現のほうがより適しているだろう。

目的を忘れず目的にあった就業規則にするとは、こういった表現にもこだわる必要がある。

就業規則は細かくしてはいけない

さて、温める会社になるには、就業規則の内容を極力細かくしたくはない。細かいルールはそれ自体が従業員を信用していない証拠だからだ。それに細かくするほど、人は、「書いていないことはやらなくてもいい」もしくは、「書いていないことだったらやってもいい」と解釈するようになる。

ある会社では、服務規律として、なんと250もの禁止事項が書いてあった。そこまで細かく禁止しておきながら、最後に「その他当社従業員としてふさわしくない言動はしてはならない」と書いてあったのだ。250も禁止を定めておいて、さらに従業員としてふさわしくない言動を自分で考えて抑制せよとしている。

確かに、労使間で争いになったときには、就業規則への記載の有無が争点になることがあるので、細かく規定しておきたい理由もわからないではない。しかし、それはあくまでも争うことを前提とした考え方だ。そもそも250個もの禁止事項を正確に覚えている従業員はいないだろう。この規則を読んだときに、果たしてこの会社に愛着が湧いたり、帰属意識を持ったりするだろうか。むしろ逆効果ではないだろうか。

そして、決定的なのは、**どんなに細かく決めてもすべてをルール化することは不可能**という事実だ。これは、『人として正しいことを』(ダヴ・シードマン著、近藤隆文訳、海と月社)の中に載っていたアメリカの例だ。アラスカ州のある郵便局員は、アニメのキャラクター柄のネクタイで出勤した。しかし、上司たちはこれを認めず、数ヵ月にわたってこの郵便局員と争ったすえ、規則に従うように命じた。そこで局員は言われた通りにしたが、規則を徹底的に調べ、サスペンダーについては、特別な禁止条項がないことがわかり、堂々とアニメのキャラクター柄のサスペンダーを着用するようになったという。

つまり、就業規則を細かくするほど、従業員をどんどん冷やしていき、かつ、冷やされた従業員は、規則の穴を探すようになる。そして、すべての穴を事前に防ぐことは不可能なため、穴を突《つっ》かれる。そうすると、さらなる規則をつくるという無限ループに陥っていくことになる。

良心が発揮されるルールのつくり方

温める会社は、就業規則も一工夫しているところが多い。表現方法が工夫され読みやすくなっているだけでなく、「温める会社」の根底に流れる「良心」がついつい発揮されてしまう仕組みをルールに落とし込んでいる。一見すると普通の就業規則だが、何を意図してそのルールをつくったのかが明確になっている。当たり前のように感じるかもしれないが、そのようなつくり込みをしっかりしている会社は少ない。

良心は、人から「良心を発揮しなさい！」と言われて発揮するものではない。それでは良心の発揮ではなく、やらされているだけである。そうではなく、良心が思わず発揮される仕組みをつくることが大事だ。自分の中からそのような気持ちが芽生えてきてそれに突き動かされるように行動してしまう仕組みが大切だ。

身元保証人に直接、保証書をもらいにいく

いくつか具体例を示そう。まず、身元保証人に直接、身元保証書をもらいにいく会社である。

採用時に身元保証人を立ててもらい、身元保証書をもらう会社がある。新たに採用する従業員が会社に大きな損害を与えた場合などに連帯して賠償してもらうなどの意味合いで書類をもらっている。たいていは、新たに採用する従業員を経由して身元保証人から一筆もらい、会社に提出してもらう。身元保証人は親や配偶者のことが多い。

ある会社は、身元保証書をもらうときが絶好のチャンスとみて、就業規則にあるルールを定め活用している。

何のチャンスかというと、新たに採用する従業員の身内と会うチャンスということだ。

この会社では就業規則にこのように定めている。

> 就業規則第●条　（身元保証人）
> 1　身元保証人は2名とします。原則としてそのうち1名は日本国内に住所を有する親権者、または親族人とします。また、身元保証期間は5年間とします。
> 2　会社は、親権者または親族人たる身元保証人と身元保証契約を取り交わす際は、実際に身元保証人と面会するものとします。

要するに、身元保証書をもらうということを口実としてご自宅にお伺いするというルールだ。その際、基本的に経営者かその部門のトップが伺う。

採用時というのは、まだお互いの信頼関係が構築されていないときだ。そのときに身元保証人を訪ねることにはふたつの意味がある。

ひとつは、「どんな会社なのか」「どんな仕事をしてもらうのか」について説明をすることで、両親や配偶者など近親の方に安心してもらうということだ。そして、もうひとつは、周囲の人の気持ちが聞けるということだ。たとえば、従業員のお母さんが身元保証人になった場合、お母さんに話を聞くことで、彼女が従業員を苦労して育て上げたことがわかる。すると、そこに情が湧いてくる。先述のフェイス・トゥ・フェイスの法則だ。

仮にその従業員があまり積極的に仕事をせず、出来が悪かった場合も、経営者や上司の対応が違ってくる。そこに情がなければ、「もっと、ちゃんと仕事をしろよ！」という思いの後に、口に出すかどうかは別として、「この給料泥棒！」という気持ちが湧いてくるだろう。この気持ちの裏は何か。「自分の思い通りにならない」「相手をうまくコントロールできない」という私心からくる怒りだ。

それに対して、情があると、「ちゃんと仕事をしろ！」という思いは同じでも、その裏にある感情は、「あのお母さんを悲しませるな」という良心からくる思いだ。どちらも発する言葉は同じであっても、発動元が違う。そのほうが、本人にもしっかりと伝わるし、言葉の迫力が違ってくる。一見、私心の言葉のほうが迫力があるような気がするが、私心の言葉は暴力にはなるものの、人の心に染み入るものにはなりにくい。

また、面会することで、身元保証人の側にも情が芽生える。会社の人が挨拶にいき、直接、会社の内容を説明すれば、経営者や会社の考え方に理解を示してもらいやすくなる。その結果、仕事がつらくて本人が辞めたいと相談した場合に「あんな会社を辞めたらもったない。しっかりと社長に育ててもらいなさい」「もっと周囲に受け入れてもらえるように自分が努力しなさい」という発想になってくる。

もし、これが直接会うこともなく書面のやり取りだけだった場合は、「そんなにつらい会社なら辞めなさい」「そんなに大変なところにいても何の得にもならないから辞めてしまいなさい」という心が強く働く可能性が高くなるだろう。

定額残業代制度の使い方

定額残業代制度というものがある。「固定残業代制度」という言う人もいる。これは、実際の残業時間にかかわらず、一定時間分の残業代をあらかじめ固定給に盛り込んで支払う方法だ。たとえば、30時間分の残業があると見越してそれに相当する額を「業務手当」などの名目で一律に支払ってしまうものである。この制度は、サービス残業の温床として悪者のように扱われることが多いが、法律上の条件をクリアしているのであれば、これ自体は違法ではない。

私は就業規則を作成するときに、ときどき経営者に次のような質問を投げかけてみる。これは仲間の社労士から教えてもらったものだ。

質問

新入社員のAさんは経験不足から仕事が遅い。通常の従業員なら定時内で終わる仕事が終わらない。毎日1時間くらい残業になる。この場合、社長ならどうしますか？

選択肢1　残業代を支払って、残業させる

選択肢2　残業をさせず、仕事が途中でも帰す

選択肢3　残業代を支払わず、残業させる

経営者の回答は、分かれる。たいていは1か2を選ぶ。3は法律違反と知っているので、社労士相手に3と答える人はほとんどいない。

実際の答えは、1でも2でもどちらでもいい。正解はない。

ここで続けて、「もしこのAさんがあなたの子供だったらどうしますか？」と質問する。

すると、10人のうち4人くらいの経営者が、3番めの選択肢、「残業代を支払わず、残業させる」に変えるのだ。

「どうしてですか？」と答えを変えた経営者に聞くと、「自分の能力不足で時間がかかっているのに、そこに残業代を発生させたら、先輩たちから不満が出るだろう。そうしたら、組織の一員になれないじゃないか」「仕事は経験量に比例するから、早くたくさん経験を積ませたほうが早く一人前になれるじゃないか。早く一人前になって高い給料をもらったほうが本人のためだろう」などの答えが返ってくる。

ここで、注目すべきは、**新入社員のAさんが赤の他人の場合と、自分の子供だった場合で答えが変わってくる**ということだ。Aさんが自分の子供となった途端に、法律という枠が取っ払われ、どうしたら自分の子供が幸せになるのか、一番最適な方法は何なのかと考え始めるということだ（本当は自分の子供であっても法律は適用されるが……）。

つまり、何がAさんにとって幸せへの近道なのか、経営者は知っているということだ。良心で考えたら、どうすべきか知っているとも言える。

たいていの仕事は経験量と仕事の質が比例するはずである。

社労士の仕事などはまさしくそうだ。就業規則を作成するという仕事を例にとってみると、最初は適用法律を調べるところから始まり、その企業の置かれている環境、働き方の特徴など調べることがたくさんある。また、誤解を生じさせないようにする独特の文章の作成にも細心の注意を払うことになる。そうすると、とてつもない時間がかかる。たとえ、先輩が横についていたとしてもやはり時間がかかる。しかし、数をこなすうちに、関連法律のことは自然と頭に入っているようになる。また、調べるコツや文章作成のコツもつかめるようになるので、すらすら仕事が進むようになる。時間にしてみたらば、最初と比べると、5分の1くらいの時間で作成できるようになるだろう。

作成回数を重ねるたびに時間が短縮され、精度も上がっていく。そして、人によって能力差はあるが、一定回数を作成したら一人前になる標準回数がある。仮にそれが15回であるとしたら、1ヵ月に3本作成する人は5ヵ月で一人前になるが、月に1本しか作成しない人は一人前になるのに15ヵ月かかることになる。一人前になれば、昇給もできるであろうが、見習いレベルでは昇給は難しい。

AI化が進んだ昨今でも、多くの業界の多くの仕事で同じようなことがあるはずである。従業員のことを考え、早期に一人前にさせるために、早い時期になるべく多くの仕事をさせたい。でも、それに伴う残業代という余計なコストはかけられない。かといって、サービス残業をさせることは、いまのご時世では許されない。

こんなときに、前述の定額残業代制度が出てくる。早く一人前にさせるために、あらかじめ一定時間分の残業代を固定給として予算化しておくのだ。たとえば、試用期間中のみ、30時間分の定額残業代を含んだ固定給にしておく。そして、この範囲内で経営者は仕事をやらせ切ることができる。しかし、残業しても残業代が出るわけではないので、先輩従業員からも不満が出ない。本人にとっては、業務をいち早く覚えて、残業が30時間かからず仕事ができるようになることを目指す。

そして、試用期間が修了し、晴れて一人前になったら、定額残業代制度は廃止し、実労働時間に応じて残業代を支払えばいい。

ここで紹介した定額残業代制度は、従業員を安く使うための思想から発したものではない。あくまでも新入社員を早く一人前にするという思想から出てきたものである。

定額残業代制度の例

試用期間中

　基本給　18万円

　定額残業代（30時間分）4万円

　合計　22万円

試用期間終了後

基本給　22万円
合計　22万円
残業代は実労働時間に応じて支給

欠勤の連絡はあえて電話

多くのことがインターネット上で行われている社会で、いまでは欠勤や遅刻の連絡なども ネット上で行っている会社が多い。そのほうがお互いに便利だし、記録も残る。しかし、あえて欠勤の連絡は電話でと、就業規則で決めている会社がある。

就業規則　第○条（欠勤の連絡）
従業員はやむを得ず欠勤する場合は、原則として本人が、始業時刻前までに電話で所属長に連絡し、許可を得なければならない。

このようなルールにしている意図は、「良心」の発揮にある。
メールやネット上のシステムでの連絡は確かに便利である。しかし、デジタル上でやり取りされたものは、やはりリアルな情感が伝わらない。すると、欠勤の連絡をもらった上司や同僚は心の中で「こんな忙しいときになんで休むんだ。体調管理しっかりしろよ！」とつぶやいてしまう可能性が高い。もちろん、そんなことを実際に口に出す人は少ないだろう。しかし、口には出さないこういった小さいことが積もり積もっていくのが怖い。これが信頼関係を徐々に損ねかねない。このとき、上司が「忙しいときに困ります。体調管理をしっかりしてください」なんてメールしたら、この社員との関係は冷えたものとなるだろう。

それに対して、電話で連絡をもらった場合はどうであろうか。人はつらそうな声を聞けば、直感的に体調が悪いことがわかる。そうしたら、仮に忙しかったとしても「こっちは、大丈夫だから、早く治してください」なんて言葉が口から出てくるだろう。それに対して、「ご迷惑をおかけして本当にすみません」などと応答すれば、「気にしなくていいよ。今日はゆっくり休んで」といった、相手を思いやる言葉が返ってくる。この言葉をリアルタイムに往復させることで、感情の処理ができるので変なしこりが残らない。

そして、このルールは、休む側の良心も発揮されやすくなる。

たとえば、体調不良なのは確かだけれども、会社に行こうと思えば行けなくもないようなときがある。このときに、メールでの連絡ＯＫの場合は、「休んでしまおう」という方向に気持ちが動きやすい。なお余談だが、従業員は有給休暇など法律で決まっているとき以外は、休む権利はない。つまり、本人の裁量で休むということはできない。会社にお伺いを立て、会社が許可してはじめて休むことができるというのが本来の考え方だ。

話を元に戻すが、上司に電話で連絡しなければならないルールになっていると、休むことを少し躊躇《ちゅうちょ》するときがある。この躊躇が良心だ。自分の本当の心は、「このくらいだったら会社に行ける」と知っているからだ。その本当の心に逆らうから、心の中がざわざわしたりする。電話で連絡するというルールになっていると、良心が発揮され、電話を置き、「出社してみよう。それでダメだったら早退しよう」という心になりやすい。つまり、このルールが、ついつい良心が発揮されてしまう仕組みなのだ。

リフレッシュ休暇の工夫

第1章でも紹介した売り上げが2年間でほぼ倍になったS社は、一年に1度リフレッシュ休暇として5日間の連続休暇が取れる。前後の土日と組み合わせたら9連休になる。

この休暇は、全従業員が交代で必ず取得しなければならない。ここにはいろいろな狙いがある。ひとつは、純粋に従業員にリフレッシュしてもらうことだ。S社は日頃の業務は結構ハードだ。だからこそ、一年に1度、お盆や年末年始などの他に、自分のタイミングで日常業務から離れて心身を休めてもらう。

また、休みを取ることで、業務の見える化も促進される。平日に休むわけだから、当然会社は動いている。そこで、自分が担当している仕事を誰かに引き継がなければならなくなる。引き継いだ人に迷惑をかけないようにするためには、仕事を整理して誰にでもわかるようにしておかなければならない。ここでのポイントはみんなが順番に休暇に入るため、みんなが休暇中の誰かの仕事を引き継ぐ経験をするということだ。引き継いだ側を経験することによって、どんな引き継ぎをすると相手が楽なのかを知ることができる。そうすることで、相手を思う気持ちが育まれる。そして、これが業務の効率化を再考するいい機会になる。

引き継いだ人は、休暇中はゆっくり休んでもらおうと極力連絡しないようにする。みんなが交代で休暇を取ることで、そのような相手への配慮が自然とできるようになる。そうすると、休暇を取った人は、休み明けには、周囲に「休暇を取らせていただきありがとうございました」という言葉が自然と出てくる。

この関係性が、お互いを思いやるという気持ちを芽生えさせる。また、「休暇中何していたの?」「じつは、彼女と沖縄に行きまして……」「え、彼女いたっけ?」「いや、最近できたんですよ!」なんて会話が生まれる。こうやってお互いのことをよく知り合うきっかけにもなる。ここでもフェイス・トゥ・フェイスの関係性が構築されるきっかけになる。このようなつながりの深さで周囲を温める関係性ができあがっていく。

だから就業規則上も、「社員自身の段取りや社員同士の協力」の重要性を明記し、あえてそれが担保されることでこの制度が継続され、それが担保されないのであれば、即時に廃止することを明らかにしている。

就業規則例

第●条（リフレッシュ休暇）

1　毎年●月●日において勤続1年以上の社員は翌年の●月●日までの間に1回、リフレッシュ休暇を取得することができます。

2　前項で定めたリフレッシュ休暇は以下の日数とします。
　5日以内の連続した日

3　リフレッシュ休暇は2～6月もしくは9～11月の間に取得することができます。

4　リフレッシュ休暇を希望する社員は、希望する日の3ヵ月前までに会社に申請するものとします。

5　この条で定めるリフレッシュ休暇は、社員同士の協力、リフレッシュ休暇を取得する社員自身の休暇前の仕事の段取りがあってこそ、実施できる制度です。この制度があることにより、事業活動に不都合が生じると会社が判断した場合には、会社は当該リフレッシュ休暇制度を廃止することができます。

就業規則ハンドブックで想いを浸透させる

就業規則をつくったときには意図が明確であった規定も時間の経過と共に忘れ去られ、ルールだけが残るようになる。そうすると、会社は、ルールに厳格な硬直的な運用になる。従業員のほうは、「ルールに書いてないからやってもいい」「ルールに書いてあることだけやればいい」という受動的な態度になる。もしくは、「ルールの穴を見つけて裏をかいてやろう」という心理になる。

前述のダヴ・シードマンは著書『人として正しいことを』の中で、「規則はすべて理由があって設定されるが、ほとんどの人はその根拠や精神を知らない。制定の経緯を読んだりはしないから、規則との関係は薄っぺらで表面的になる。だから、規則をよけて通る道や、抜け穴を見つけるようになる」と書いているが、まさにその通りだと思う。

そこで、温める会社では、就業規則制定の意味やそこにある経営者の想いなどを従業員ハンドブックという形で就業規則とは別につくる。ハンドブックはいわば就業規則の解説書のようなものだ。

就業規則は、言葉や文体に気をつけて誤解がないように書く必要があるので、どうしても硬い文章になりやすい。そこで、内容を解説するハンドブックをつくるのだ。そして、通常はこちらを活用していく。

法律改正時などに行政が改正条文をホームページにアップするが、これでは一般の人は内容を理解しにくい。したがって、同時に法改正の内容を解説したリーフレットをアップする。そして、専門家でない限り、通常はリーフレットを読み込んで法改正の内容を理解する。これと同じような感覚だ。

たとえば、飲食店のＴＴ社ではこんな感じだ。

「有給休暇の申請は、原則として次月のシフト決定日の３日前までにお願いします。本来であれば、有給休暇は直前でも申請することができますが、当社の店舗は経営効率を追求し高い収益性を求めるため、ギリギリの人数で運営しています。シフト決定前に有給休暇の取得がわかっていれば、人員の手配が容易になります。しかし、直前に申請された場合、他店からの応援も難しい事態が想定されます。これは、結果お客様にご迷惑をおかけすることにもなります。せっかくお越しいただいたお客様をがっかりさせたくはありません。また、それは結果的にお店の評判を落とし、我々の経営を苦しめることにもなります。よって、当社のルールでは、有給休暇の申請はシフト決定日の３日前までとしていますので、ご理解願います。ただし、やむを得ない場合などはこの限りではありません」

法律上では、有給休暇は、本人の申請があれば直前であっても取得することができる。そして、会社は「事業の正常な運営を妨げる場合」は有給休暇取得日の変更が可能である。この事業の正常な運営を妨げる場合というのは、ケースバイケースの判断であり、どのような場合がOKと明確には定められていない。つまり、常に争いの起こる可能性があるわけだ。しかし、温める会社は、従業員と争いたいわけではない。有給休暇を取らせたくないわけでもない。しかし、お客様の期待を裏切るわけにもいかない。シフト決定前に申請してくれていたら、その問題はクリアできるのである。

こういった意図が理解できていれば、たいていの従業員はルールを守る。しかし、意図が理解できていないと、「法律上は前日でも申請できるはずなのになぜダメなんだ?」と言い出す人が出てくる。ルール制定当初は、意図を説明できる人が社内にいるが、時が経つにつれ、ルールの意図、できた経緯を説明できる人がいなくなり、就業規則の文書だけが残るようになる。

それを防ぐために、意図をハンドブックで示しておくのだ。

第7章　良心が発揮される仕組み

良心は発揮した人も幸せを感じる

前章では、就業規則の工夫で良心を発揮しやすい仕組みをつくっている例を紹介した。本章では就業規則以外で、どのような仕組みをつくっているのか、紹介したい。

そもそも、良心の発揮は他人のためにするのか。確かにそうだとも言えるが、それにも増して、発揮した自分のほうが幸せになり、そのことを人は知っているから本能的に良心を発揮してしまうのではないかと私は思っている。

たとえば、重たい荷物を持ったおばあさんが、電車で自分の座っている目の前に立っていたとする。大変そうだなぁと思って席を譲った。すると、おばあさんが満面の笑みで「ありがとうございます」と言ってくれた。

こんなときどうだろうか。席を譲ってもらえたおばあさんも幸せだろうが、譲ったこちら側も、何だか清々しいような気持ちになって、軽い高揚感に包まれないだろうか。

私は特定の宗教を信仰しているわけでもないし、スピリチュアル的なものに敏感なほうでもないが、本来、人はこういうシチュエーションでは席を譲ったほうがいいとプログラミングされているのではないかと思う。だから、その通りに動くとストレスがない。いわば、神様がその行為に丸をくれるような感じなのではないかと思う。それが第1章でも触れた「良知」だ。

優先席は良心を発揮してしまう仕組み

席を譲ったほうがいいと知っているのに、譲れないときもある。恥ずかしながら私は結構ある。そのときは、「自分も疲れているし」とか「このおばあさんに席を譲っても『結構です』とか断りそうだな。そうなったら恥ずかしいなぁ」などと思って、誰に何かを言われたわけでもないのに、頭の中で一生懸命自分に言い訳をしている。そのうち、その状況にいたたまれなくなって、「おばあさん、早く降りてくれないかなぁ」と思ったり、さらには寝たふりを決め込んだりする。

よくよく考えてみたら、見ず知らずのおばあさんである。それに、こちらだって運賃を支払って電車に乗っている。論理だけで考えたら、おばあさんに席を譲る義務はない。なのに、この感覚は何なのだろうか。

これこそ、自分の中には、「こういうときはおばあさんに席を譲ったほうがいい」ということがプログラミングされているのに、その通りに動けなかった気持ち悪さなのだと思う。

このときに優先席という、譲り合いの席があると席を譲りやすい（最近は、優先席でも譲らない人もいるが……）。

優先席という、強制ではないが、「ここに座っているときに、お年寄りなどが来たら席を譲ってくださいね」というルールが、人を良心的行動に誘う。つまりこれも、ついつい良心を発揮してしまう仕組みになっている。

お互いの貢献を認め合うチームをつくる

第3章でも紹介した人材紹介会社のP社は評価の仕組みを工夫している。通常、人材紹介会社の料金体系は、紹介した候補者の年収の一定割合を手数料として取る。そして、従業員の評価方法は、売上額に比例する。つまり、一般的な人材紹介会社の賞与などの査定方法は、紹介料に一定率を掛けて決まる。したがって、年収が高い候補者を紹介したほうが紹介料が高くなり、給料も上がる。すると、紹介先の会社に本当にマッチした候補者を紹介するより、年収が高い候補者を紹介するというバイアスが働きがちだ。そのような給与体系になっているので、これはある意味しようがない。

それに対して、P社では、評価の基準は紹介した候補者の年収ではなく成立件数になっている。さらに、チーム制を敷いているため、一人ではなく、そこに関わった人全員の評価になる。具体的には、契約成立に対してポイントが付与され、それをその案件に関わった人の貢献度合いに応じて配分していくのだ。

この会社では、人材を求める会社を開拓する人と、転職希望者と面談し、マッチしそうな会社を紹介する人、さらにアシスタント的に業務をサポートする人などに分かれている。

人材紹介会社は、生命保険の営業のように個人活動により成果を求め、結果も個人についてくるところが多い中で、Ｐ社はこのようなチーム制になっているのだ。

また、売上額ではなく、紹介成立件数で評価されるため、本当に求人企業にあった人材を紹介できる。ある会社に紹介する候補のＡさんとＢさんがいたとする。Ａさんの年収は７５０万円、Ｂさんの年収は６５０万円だったとする。能力だけでなく、本人の性格や将来のビジョンなども考えたら、Ｂさんのほうがふさわしいと思っても、売上額が評価の対象となっていたら、Ａさんを紹介してしまうだろう。しかし、契約成立件数で評価されるのであれば、より適したＢさんを紹介できる。こうすることで求人している会社も転職した人もいずれにもプラスになる。また、紹介したＰ社の従業員も自分の私心に負けることがないし、最良の方法を提案できなかったという後ろめたさに苛まれることもない。

さらに、この制度があることで、チームの従業員同士がお互いを認め合う文化が根付いていく。ひとつの案件の成約に関わった人たちでその貢献度合いに応じてポイントを分け合っていくからだ。このときに、「俺のほうがたくさん貢献した！」と実際以上に貢献度合いをアピールする人はいない。なぜなら、そんなことをすると、次第にチーム内で協力が得られなくなっていくからだ。そのため、お互いが相手の貢献を認め合うようになる。すると、「今回は●●さんのこんな手助けがあったから成功した」「●●さんの先方へのあの一押しがなかったら決まらなかった」と好循環が起こる。

互いを認め合うことが、従業員間の距離感を縮め、良心が発揮されやすい環境をつくっていくのだ。

昼食を共にする

第3章で先述した大阪の建設関連のMG社の例をもう一度見てみたい。MG社では週に1度、従業員が会議室に集まりみんなで食事をする。この会社では経営者の奥様が食事をつくり、それをみんなで食べる。

若手からベテランの職人さん、外国人実習生までが一堂に会して食べる。周りとおしゃべりしながら食べる人、黙々と食べる人、いろんな人がいるが、一同がこの場に集まっていることに意義がある。そして、たわいもない話からお互いの情報収集をしている。子供や家庭の話、独身の従業員の恋人の話など。こういったことが多くの従業員の間でシェアされているのだ。それは、食事を囲んだリラックスした場だから起こることであり、食事が介在していることがその状況に大きく寄与している。

そして、ここでお互いを自然と知ることで、フェイス・トゥ・フェイスの関係ができあがり、それが良心発揮へとつながっていく。また、温める関係をつくることは、仕事のミスを減らすうえでも効果的と考えている。

考えてみて欲しい。一人で完結する仕事はほとんどない。仕事を進めるうえでわからないこと、確認しなければならないことが出てきたとする。それが、とても難しいことや大きな問題であったならば、特に人間関係ができあがっていなくても相手に聞くことができる。それは、誰でもそこが問題だとわかるから聞きやすいのだ。もしくは、それがわからないとまったく仕事が進まないからだ。しかし、そのような大きな問題は日常的にそんなにはない。日常的には、ささいな疑問、確認事項がほとんどだ。

その場合、関係性が薄い人にはいくら同僚とはいえ質問しづらいのではないだろうか。「こんなこと聞いたら、バカだと思われないか」「忙しそうにしているからこんなことで手を止めさせたら悪いなぁ」という気持ちが働いてしまって、ついつい先延ばしにしてしまう。もしくは、わかったふりをして進めてしまう。それが、後々になって大問題に発展していく。しかし、このときに、関係性が深まっていると、「ちょっとごめん。すごく初歩的なことだけれど聞いていい？」「ごめん、忙しいと思うけれど5分だけ時間ちょうだい」と気安く話しかけることができる。

現場では、このようなちょっとしたことが聞けないで、生産性を低めていることが多々ある。しかし、お互いのプライベートまで知っているような深い関係だと、質問することに躊躇がなくなるから生産性も高まる。そんな関係をつくるのにもってこいなのが、食事を共にする行為なのだ。

そうすると、「ただ一緒に食べればよくて、会社で用意する必要はないじゃないか」と思うかもしれない。

しかし、会社が用意したということが、みんなが集まる口実になる。これが、各自でお弁当を持ち寄って集まろうとすると、「今日は外で食べてきます」などとバラバラになってしまう。そして、もうひとつは、社長の奥様がわざわざ用意したというところに人は温かい心を感じるということだ。そこがとても大事だ。

地域、お客様へ広がっていく良心

良心は社内だけにとどまらない。自社を起点にどんどん外に広げていくことも可能だ。

第3章で紹介した大阪の運送業MU社は、以前、不幸にも死亡事故を起こしてしまった。会社でも安全運転に気を配っていなかったわけではない。そんな中で起こってしまった事故に社長も相当落ち込んだ。そして、もっと安全に意識が向く会社にしたいと思っていた反面、安全教育や管理の限界も感じていた。法律改正に伴い、どんどん厳しくなる安全運転のための管理であるが、これを徹底していても、瞬間的には効果があるかもしれないが、それが持続する実感がなかった。

そして、あるとき、「人には良心がある。管理ではなく、良心に訴え、良心が開いていく方法で安全が徹底されていく方法はないのか」と思うようになった。

そんな目で社内を見ていると、あるトラックの運転席に子供が描いた「お父さん頑張って！」と描かれた絵が貼られているのに気がついた。そのドライバーはこの絵を見ていると優しい気持ちで運転ができるという。

トラックの背面に描かれた子供の絵。

社長は、「これだ！」と思い、その絵をトラックの後ろ全面に大きく描いたのだ。自分の子供が描いた絵を背負って走ったら、否が応でも安全運転してしまう。歩行者に優しい運転をしてしまうのが人というものだ。

また、このトラックは、自分だけじゃなくて周囲も優しい気持ちにさせる。渋滞でイライラしているとき、前のトラックにこんな絵が描かれていたら、少し心が安らぐだろう。街中で見かけたら思わずほのぼのとしてしまう。こうやってトラック自体を周囲の良心を引っ張り出すものに変化させていったのだ。

そして、安全運転の証拠に、子供の絵をラッピングしたトラックは、燃費が向上しているという。つまり、アクセルワークが丁寧になっているということだ。そして、このラッピングトラックでの事故はまだ1件もない。

そうやって、社内から社外、社会へと良心が広がっていく。このトラックはそんな仕組みの源泉なのだ。

いまでは多くの同業者が賛同し、この取り組みが全国に広がっている。自社で始まったことが自社を飛び越え、地域を飛び越え、全国に広がっているのだ。この良心の発揮が、業界全体で世の中を温めていく活動に変わっていく日も近いのではないかと思う。

これは、良心の発揮が社内だけではなく社外へと広がっていった好事例だ。

理念の浸透と感動体験のシェア

東京にあるＡＫ社は、社会問題となっている空き家問題をビジネスを通して解決することを目的として２０１５年に設立された。

全国の空き家情報が一元的に管理ができていないことにより、必要とするところに情報が届かず、不動産というせっかくの資産がうまく活用できていない。そんな問題を解消して、持ち主と資産を必要としている人とをマッチングするサービスを展開している。

その主要業務は、全国の現場に出向き調査をしながら空き家情報をデータベース化していく仕事だ。それを担っているのは、シニア層を中心とした調査員と呼ばれるスタッフだ。

調査員は、会社の持っているデータをもとに、現場に出向く。フルタイムの勤務ではなく、基本は自分のペースで働く仕事である。時間的拘束からは自由な反面、毎日職場に出社するわけでもなく、一人で自宅から現場を回り、自宅に戻るという孤独な仕事だ。しかし、調査員の仕事に対するモチベーションは高い。

そのわけは、年に数回行われる調査員を集めた報告会や、ＳＮＳを活用した情報の共有にある。

これらの場面を通して、社長のＷさんは、自社の社会的役割を繰り返し語っている。自社のやろうとしていることが、単なるお金儲けではなく、社会で大問題となろうとしていることの解決に一役も二役も買っているということを伝えているのだ。

また、調査員は日々の現場でいろいろな体験をする。それをＳＮＳで伝えることで、みんなど共有することができ、一人で仕事をする孤独から抜け出せる。

さらに現場では、「まさに自分たちの活動が世間の役に立っている」ということを実感する体験がある。それを報告会などでシェアすることで、社長が語る理念と相まって、自分たちの役割の尊さを実感していくのだ。

特にシニア層は、現役世代を終えたもの寂しさを感じる中で、自分の仕事が社会貢献に役立っていることを感じることで、生き生きしてくる。W社長によると、実際に現場を調査して自分の仕事の意義を理解してくると、顔つきが変わり、姿勢が変わり、服装が変わって、みんな若々しくなるという。調査は基本的には徒歩か自転車なので、運動にもなり、血圧が下がるなど健康状態が改善した調査員も多いという。

考えてみれば、この仕事の仕組み自体もひとつの社会貢献活動といえるだろう。

ポイントは、報告会等でみんなの話をシェアすることで、自分たちの仕事の社会的意義がそれぞれの調査員の心の中に浸透していくことだ。この繰り返しで自分たちが日常やっている役割の重要さが腹に落ちていくのである。

ウェルカムボードでお出迎え

最近では受付にウェルカムボードを設置している会社も多くなってきた。

来社される予定のお客様の名前が書いてある会社も多い。「●●株式会社●●様ようこそお越しくださいました」という感じだ。

コンサルティング業のE社でも、ウェルカムボードが大活躍している。その会社では、ウェルカムボードが凝りに凝っている。「●●様お待ちしておりました」にプラスして、「今日も暑いですね」といったちょっとした言葉を付け加えたり、季節に合わせた絵を描いたりしている。だんだんエスカレートして、夏には、ボードの横にバケツを置いて水を張り、その中にスイカを浮かべる演出をしていたこともあった。

反転されたウェルカムボード。

特に初めて来社される人は、この演出にびっくりする。次に来社するときもこのボードを見るのを楽しみにしてくれる。

しかし、これだけでは終わらない。このウェルカムボードは反転できるようになっており、お帰りの際は、「本日はご来社頂きありがとうございました。又のお越しを心よりお待ちしております」などのお礼のメッセージが掲げられている。ウェルカムボードを掲げている会社は珍しくないが、帰りのときにお礼のメッセージを出している会社はほとんどない。来社する人は、ここで2度目の感動を味わうことになる。

実際、「ウェルカムボードの写真を撮ってもいいですか！」と聞く来訪者もたくさんいた。「自分の会社でも始めました」という人もいた。そして、みんな嬉しそうに帰っていく。

帰るときにみんなの心が温まっていく。その気持ちで電車に乗ったら、ふだんはお年寄りに席を譲ることはないのに、思わず譲ってしまうかもしれない。自社に戻ったら、ふだんはあまり他人を褒めない人が、思わず部下を褒めてしまうかもしれない。そうしたら、部下も自宅に戻って、家族に少しだけ優しくできるかもしれない。優しくされた子供は、次の日学校で少しだけみんなに優しくできるかもしれない。こうやって、優しさが連鎖していくことで、温かい気持ちがどんどん広まっていく。

実際に、あるお客様からは「ここに来たあとは、部下を叱り飛ばすことがなくなります。問題が起きても冷静に対応できる」と言われたことがあった。

これを見て、こう思った方はたくさんいるのではないかと思う。「いいけれど、すごく手間じゃないか」と。

確かにその通りである。一人一人のお客様のためにメッセージを書くので、とても時間がかかる。来客が多いと、事務のスタッフは一日中メッセージを書いて消すという作業を繰り返すことになる。

一見すると生産性は低い。しかし、お客様が感動してくれるおかげで、良好な関係性を育むことができ、それが打ち合わせをスムーズにしてくれる。

また、コンサルティング会社は、通常、客先に出向くことがほとんどだ。しかし、この仕組みのおかげでお客様のほうから喜んで来社してくれる。これで交通費も移動時間も節約することができ、結果的に生産性向上に寄与することになった。

ルールは「休憩前にメッセージカードを15分間書く」ということだけ

通信販売のZ社では、電話オペレーターにひとつのルールを課している。それは、「休憩に入る前の15分間にメッセージカードを書く」というルールだ。

電話オペレーターはいろいろなお客様の電話を受ける。初めてのお客様、常連の方、問題がありクレームを言われた方、人に送るプレゼントとして購入された方、本当にさまざまだ。そんな方々に向けてメッセージカードを書くのだ。

ルールは15分間、手紙を書くということだけ。

つまり、誰に書くのか、どのような内容を書くのか、どのくらい書くのかはオペレーター個人に任されている。

初めて購入された方に書く人もいる。常連さんに書く人もいる。印象的なやり取りをした人に書く人もいる。誰に送るかはまちまちだ。

また、カードを送る数も人によって違う。とにかくたくさん書く人もいる。一枚のカードを凝りに凝って1週間かけて完成させる人もいる。これらもまったく本人の自由なのだ。実際、私が会社を訪問したときは、一人の女性従業員は、凝りに凝ったカードを3日かけて完成させるところだった。

自由なのがポイントだ。強制をされないことで、本心から、それぞれの人のやり方で思いを伝えることができる。本当に心を込めて書かれたものは、その思いが相手に伝わっていく。これが受け取った人の心を温めるし、贈る側の心も温めていく。

反対にこれがノルマとなっていたらどうであろうか。

たとえば、一日10枚書かなければならない。そうすると、特に印象が残らなかった人に対してもメッセージカードを書くことになる。それでは、本心からの気持ちは伝わらない。結果として、受け取った人の気持ちは温めないし、贈る側も義務としてやっているので、心が温まらないどころか、逆に冷やすことにもなりかねない。

繰り返すが、ポイントは細かいルールがなく、それぞれの創造性に任せていることだ。

これもまた、良心が発揮される仕組みになっている。

協力会社への挨拶回りだけは社長がやる

建設会社を経営するR社長は社長就任以来大切にしていることがある。それは、下請けとなる協力会社への盆暮れの挨拶回りだ。

この社長、仕事をいただくゼネコンなどへの挨拶や新年会などには顔を出さない。もちろん、失礼がないようにその他の役員が顔を出している。その代わり、協力会社のところには、すべて自分の足で回っている。

そこには、協力会社の力がなければ、いまの会社が存在していないという強い思いがある。

協力会社の社長たちはR社長のその姿にとても感動し、これからもこの会社と一緒にやっていこうと思うのだ。

これもR社長の良心に協力会社の社長が応えている。単にポーズでやっているだけだったらば、良心が相手に伝わらないはずだ。R社長は本心から協力会社の存在に感謝している。

だからこそ、出てくる言葉には実感がこもっている。そこに周囲が反応していくのだ。

恩送りカードで広がっていく良心

最後に手前味噌ながら、自社の話をさせていただきたい。

私は、沖縄県の名護市でブックカフェAETHER（アイテール）というカフェをやっている。このカフェではコミュニケーションをテーマにしており、それは3本の柱で成り立っている。

ひとつは、対面のコミュニケーション。店員とお客様の会話。お客様同士の会話などだ。

ふたつめが運命図書館というコンセプトだ。お店では、お客様を中心に多くの方から自分の運命を変えた本、もしくは自分の人生に大きく影響を与えた本を寄贈していただいている。それらの本には帯をつけ、そこに推薦文を書いてもらい、店内に置いている。本を通して自分自身と対話をしてもらいたいと思い、このようなことをやっている。誰かの運命を変えた本は、他の誰かの運命を変える可能性も高いのではないかと思っている。カフェでたまたま手に取った本を通して自分の内面と対話し、人生が変わっていくって面白くないだろうか。

そして3つ目が恩送りカードだ。これは、時空を超えたコミュニケーションだと私は考えている。アイテールという同じ場所を共有しながら、時が違うために会えなかった人同士がコミュニケーションできる仕組みがないかと考えたものだ。

仕組みは単純で、1枚500円でカードを購入していただく。このカードにはメッセージ欄があり、そこに「●●な人へ　コーヒー1杯ごちそうします」の●●に書いてもらうようになっている。たとえば、「埼玉県出身の人へ　コーヒー1杯ごちそうします」と書いてもらう。

店内には書かれたカードがたくさん貼ってある。この本を書いている現在、150点以上のカードがある。

恩送りカード。

そして、お店に来たお客様は、そのメッセージの中で自分に該当するものがあったら、そのカードでコーヒーを飲むことができる。飲んだ場合は、ごちそうしてくれた人に向けてメッセージを書いていただく。このカードはポストカードになっているため、本人のもとに届く仕組みになっている。

実際に利用していただいた方にお話を聞くと、送った側もカードを使った側も「優しい気持ちになる」「心が温かくなる」と言ってくれる。特に、カードが自宅のポストに届いたときは、想像以上に感動するという。実際に送られてきたカードを持って店に来てくれたり、カードが自宅に届いたことをわざわざ手紙で伝えてくださることもある。また、SNSにアップしてくださる方も結構いる。

そして、実際にカードを使った9割以上の方が、次の人のために自分もカードを置いていく（カードを使った人が、次の人のカードを置くといったルールは一切ない）。

金銭面だけで見れば、自分で払って自分でコーヒーを飲んだのと同じだ。そのうえ、いちいち自分に合うカードを探し出してきて、メッセージを書くなんて正直言って面倒臭い。それにもかかわらず、恩送りカードを使うことが目的で何度も来てくださる常連さんもいる。

なぜ、そこまでハマってしまうのか。おそらく、これが心を温める仕組みなのだと思う。カードを使うとき、このカードを置いていった人がどんな人なのか？　どんな気持ちで置いていったのかを想像して心が温まる。カードを送るとき、「どんな人に飲んでもらいたいか」「そのとき、どんな気持ちになってもらいたいか」を想像して心が温まる。そして、使われたカードが自宅に届いたとき、「どんな人が飲んでくれたのか」「どんな思いでこのカードを使ってくれたのか」を想像して心が温まる。その体験が忘れられずハマってしまうのだろう。

温かい気持ちでいたら、カフェを出て家に帰るとき、ふだんならイラッとするようなことがあっても平常心でいられるかもしれない。家に帰ったら、子供に優しくできるかもしれない。そうやって良心が連鎖していくのではないかと考えている。

これは、店舗においてお客様同士をつなぐ仕組みであるが、一般企業の社内において、従業員同士をつなぐ仕組みとしての応用も十分可能だと思う。

コラム　一人の良心が運転マナーを変えていく

沖縄に住んでいて思うことがある。

沖縄は、アジアからの観光客が多く訪れる。その中には、リピーターも多い。リピーターの中には、団体旅行ではなく、レンタカーを借り、自分で運転して旅行を楽しむ人も多い。

そして彼らは総じて運転マナーがいいのだ。アジアの国の人々の運転マナーは総じてあまりよくない。私も多くのアジアの国を訪れているが、「よくこれで事故にならないものだ！」と思うことが多い。

しかし、あるときふと思った。

なんで、自国だと運転マナーが悪いのに、沖縄に来るとよくなるのだろうか（もちろん個人によっては違いがあるだろうが）。

そして思った。「場所が人を変えるのだ」と。もっと、言えば、周りの空気が人を変える。周りの運転マナーがよければ、それにつられて変わっていくのだと。

そう考えると、こんなエピソードがあったことを思い出した。

数年前、私はモンゴルに行った。

モンゴルの自動車運転マナーも悪い。

急な割り込みをする車も多く、割り込ませまいとみんな極端に車間を詰めてくる。そんな感じだから強引に割り込まないと一生車線変更できない感じだ。

その無秩序の中で、割り込ませてもらったらハザードランプで「ありがとう」サインを送り始めた日本人がいた。現地在住のSさんだ。

交通法規ではないが、日本では当たり前の光景になっている「サンキュー」の意味のハザードサイン。

Sさんは、こんなことを話してくれた。

最初は自分以外誰もやらない。しかし、やり続けているとちょっとずつではあるが真似するモンゴル人が出てきた。そして、ついには路線バスの運転手も真似し始めたというのだ。プロドライバーに浸透し始めたのだ。

恐らく、Sさんに割り込まれた車のドライバーが、ハザードサインを見て、最初は意味がわからなかっただろう。しかし、そのサインに温かさを感じた人がいたのだと思う。「なんかいいなぁ」と思ったのだろう。その気持ちを誰かと分かち合いたくなったのではないだろうか。

そして、自分も実際にやってみると、じつに気分がいい。良心からの行動をするときに感じる気分のよさを知ってしまい、やめられなくなってしまった。そのハザードサインをもらった次のドライバーも同じような感覚になり、誰かにやってみた。そしたら気分がよかった。

そうやって、優しさがちょっとずつ、伝染していったのだと思う。

どこの国の人だって良心はあるが、いろいろなことがあってその良心の発揮の仕方がわからなくなっている。自分が温かさを体認したことでその発揮の仕方がわかったのではないだろうか。

一人の小さな一歩でも、行動すればそこから世界を変えられるんだ。そんな深い学びを得た瞬間だった。

第8章　温める会社の経営者の共通項

経営者自身が人格形成のために学び続け、実践している

たくさんの「温める会社」の経営者とお会いして気がついたことがあった。それは、経営者自身が自らの人格形成のために学び続け、実践しているということだ。

ポイントは、**「自らの人格形成のため」というところだ。**実際、学びの場には多くの経営者が来ている。学びに来ている動機を聞くと「うちの従業員のレベルが低いのでこれをなんとかしないといけないと思って学んでいます」という方がいる。もちろん、そういったことも必要であろうが、「温める会社」の経営者は、そのような側面があったとしても、一様に、「自分自身の人格形成のため」と言い、また本心からそう思っている。

さらに重要なのは、「実践している」ということだ。

「学び続けている」という人は結構いる。しかしインプットをたくさんして、それをアウトプットしない人も多い。「温める」会社の経営者たちは、インプットとアウトプットがセットになっている。学んだことを実践して、トライアンドエラーを繰り返し、経営に取り入れている。

彼らは「いい会社をつくりたい」、だがそのために、「従業員に課題があるから、どうにかしないといけない」「取引先に問題があるからどうにかしないといけない」とは考えない。

これらは自分の外にあることだ。自分の外にあることに直接働きかけるという発想はない。その代わり、「いい会社をつくるために、自分自身のこういうところに課題がある。それを克服しなければならない」と**自分の内側に課題を見つけ、それを解決すべく動いている**。学んでいるときも、そのような視点で自分を高めている。

たとえば、「幹部社員のパフォーマンスがいまいちである。それは、自分のふだんの言動が彼らを鼓舞するものになっていないからではないか。よくよく考えると、上辺の言葉だけで、自分自身が本当にこの仕事に心から燃えていないからではないか。それでは、言葉のテクニックをいくら身につけても、部下が燃えるわけがない。本当の自分の使命はどこにあって、どんなことに自分の短い人生を使えばいいのだろうか？」と考えている。そして、本を読み、さまざまな人と出会い、セミナーなどに出て、その答えを見つけていく。

「温める会社」の経営者はそんな生き方をしている。そのうち、その経営者に心の奥底からの使命感が湧き上がってきて、それが行動に現れてきたとき、それに共鳴するように幹部社員のパフォーマンスが上がっていく。さらに、それに共鳴する人が外から入ってくる。

このように、学び、実践し、自分自身の人格を高め続けている。よく、会社は経営者の器以上の組織にはならないというが、これは真実だと多くの経営者を見て感じる。

「温める会社」の経営者はコーチやメンターをつけている

温める会社の経営者は、自分にコーチをつけたり、メンターがいる人が多い。

コーチとは、質問と対話を通して、ある目的のためにクライアント（コーチをつける人）のサポートをしていく人だ。

外資系の会社を中心に、経営者や幹部にコーチをつけている例は結構あるが、目標達成のためのガイド役につけていることが多い。どちらかというと、短期的な結果を出すためのガイドだったり、仕事に特化したサポートをするためにつけている。

それに対して、温める会社の経営者は、短期的な経営目標のためではなく、また、仕事に特化せず、自分自身の生き方、あり方を明確にしたり、そこからぶれないようにサポートしてもらう役目としてコーチを雇っていることが多い。

私もコーチとして経営者のサポートをさせていただいているが、毎回のセッションでは、自分の生き方、あり方と照らし、ぶれがないかの確認やぶれの修正を中心としたコーチングをしている。

あるときのテーマが「人事制度を刷新したい」というものだった。「なぜ、そうしたいのか？」「そう思うにいたった過程は何か？」「ありたい姿はどういうものなのか？」「その姿の通り生きたら、自分の心が本当にイキイキするか？」などを問うていく。

人はしばしば、頭で考えて「やらなくてはならないこと」「すべきと考えていること」に執着してしまう。そうすると、自分自身が苦しくなる。ビジネスに成功し、お金をたくさん持っているのに、幸福感をいまひとつ感じられない経営者は、このような執着の罠に陥っている可能性が高いのではないかと思っている。「やらなくてはならない」「すべき」で行動して結果を出し、成功したとしても本心と違うことをしているから、いつまでも満たされないのだ。

反対に心で感じている「ありたい姿」「自分らしい生き方」のイメージとぴったり合った人生を送っている人は、充実している。自分が充実していなければ、周りの人を温めることはできない。自分が満たされない気持ちでいるときは、周囲にそのエネルギーを放出してしまうので、周りを冷やしていく。

メンターも同じような存在だ。仕事や人生において、その人を理解し、支援してくれる心の支えのような人だ。どちらかというと自分が尊敬する先輩経営者などを「自分のメンター」として、師事していくことが多い。突き詰めていくと、コーチもメンターも役目は似ている。いずれにしても、温める会社の経営者はそのような存在の人がそばにおり、自分の生き方、あり方がぶれないよう、また、そこに沿って人格を高められるような仕組みをつくっている。

読書家である

温める会社の経営者は、とにかく読書家だ。それも、「●●で儲かる方法」のようなノウハウ本ではなく、生き方に触れるような本が多い。「論語」のような古典から最近の本まで内容はさまざまだが、とにかく本を読む。

このような方の特徴は、経営者仲間で話をしているときに、「●●という本がいい」と聞いたら、即座に購入する点だ。この行動が早い。雑談中に話題に出てきた本をその場でインターネットですべて注文していて、気づいたら、1時間で10冊の本を購入していたなんていうこともざらにある。

そして、**本を読んだら、読みっぱなしにせず、ノートなどにまとめ、その中でよいと思ったことを必ず実践している。**

また、本の内容をシェアして、他の人が感じたこと、気づいたことも取り入れている。

ある経営者は、読んで感銘を受けた本を、仲間の経営者に薦めている。それと同時に、フェイスブック上に仲間内限定のページをつくりシェアしている。

私も、経営者を中心に7名で10年近く毎月1回、読書会を開催している。私たちは、毎月

タイトル	真経営学読本	お名前	下田直人
読了日	2016/08/30	出版社	きんざい
感想・気付き（心に残ったフレーズと該当頁）	25　大切にするポリシー 一つ目は、一度やると決めたことは何があっても一生やめないこと →何をやるのか？　「できるか　できないか」で、やることを選ばない。「できる」と思っても想定外のことは発生する。困難な状況に陥るたびに「できる」ことは「できない」ことに変わってしまう。「やりたい」か「やりたくない」かで決める。 やることを選ぶときに、どういう壁が立ちはだかっているのか、どうやって突破していったらいいのかをあれやこれや考えることはやめにしました。そんなことは、後から考えればいいだけのことだからです。 二つ目は、「失敗を糧にして、学び、次に生かす」 三つ目は、「一人でも始める。一人でやり抜く覚悟を持つ」事業を始めるときは、「みんなわかってくれるだろうか」「協力してくれるだろうか」と誰しもが何らかの不安を抱く。しかし、周りを気にすると、それに振り回され、結局前に進めなくなってしまいます。このため、一人でも始める。一人でも遣り抜く覚悟を持つ。ことがとても重要になるのです。この覚悟が諦めないことにつながります。 31　相手が変わるのは、相手の想像を超えたときである。 39　考え方を変えるだけで、すべての結果は変えられる。 →物事がうまくいかないのはうまくいかない考え方をしていただけで、うまくいく考え方をすれば、うまくいくのではないか。 →何か問題が起きたとき、それをチャンスと捉えるかピンチと捉えるかで、まったく次の行動と結果が異なる。 43　充実感溢れる人生こそ、楽しい人生と言えるのではないか。 48　私がたどり着いたのは、「人が幸せになる経営学」です。人が幸せになっていけば、どんな事業も必ずうまくいきます。 「どうしたら売り上げを上げて、利益を確保できるのか」それればかりを追い求めていくと、正解がないことから、いつまでも悩み続けることになります。これはつらい経営です。「今月は頑張った」「来月はもっと頑張る」「来年はもっと頑張る」というように、無限に頑張らなければならない、つらい経営学です。		

読書会シート

課題本を決め、その感想をシートに記入してきて、その内容をシェアしている。それぞれの方が、本の中の気づきを自社の課題や実体験と重ね合わせて発表されるので、実践的で参考になることが多い。

たとえば、事業承継について、ある経営者が課題本の内容に照らし合わせて発表し、うまくいった体験、うまくいかなかった体験をシェアする。うまくいった秘訣、もしくは失敗の要因の大部分は、巷に溢れているテクニックに関係する部分ではない。人の機微なる心理面の扱いの成否に起因している。そのような部分はノウハウ本には書いてなく、哲学書や古典にヒントがあることが多い。課題本と実体験がセットになって語られる内容は、他の経営者の将来に必ず役に立つ知恵となるのだ。

心を磨く勉強会に参加している

温める会社の経営者は、自らの心を磨く勉強会に参加していることも多い。有名なところでは、京セラの名誉会長、稲盛和夫さんが主宰する勉強会「盛和塾《せいわ》」だろう。その他にも、地域に根ざしているもの、仲間だけでやっているような勉強会など、さまざまなものがある。

そして、これも読書同様、読んだだけにとどまらず、いいと思ったことはすぐに実行している。

たとえば、ＩＴ企業のＴ社長は、ある勉強会で「お母さん、お父さんにしてもらったこと」を毎日３つ、１００日間で合計６００個書くということを教わった。それで、それを実行した。一日３つというと簡単そうに思えるが、継続するのは難しい。母親につき３００個、父親につき３００個書くわけだが、最初の何日間はすらすら出てくるが、途中から思い出そうとしてもなかなか出てこない。やっとの思いでひねり出すような日々が何日間も続くようになる。しかし、いつの日かそれを乗り越えると、堰を切ったかのようにたくさんのことがすらすら思い出されてくる。それと同時に親のありがたさや感謝の念がいままでの何倍にもなってきたという。

この体験の中で、いま自分がやっていることの源泉は、親の想いを引き継いでいること、親から教えてもらったことがほとんどなのだと気がつく。この学びから何でも自分の力でやり、自分の能力でやっていたと思っていたことが思い上がりだと気がついたという。それから、両親だけでなく、家族、従業員、お客様、取引先など自分の周りにいる人たちへの感謝の念が自然と湧き上がってくるようになった。そこに気づいたら、いつの間にか、離職率は下がり、取引先との関係もスムーズになっていたという。

私自身もやってみたが、同じような体験をした。途中何日間か、なかなか親からしてもらったことが思い出せず、やっとの思いでひねり出した。しかしあるとき、その苦しさから抜けると、次々に「してもらったこと」が頭に浮かんだ。そして、感謝の念で心がいっぱいになっていった。そのときから、親のことを考えているのに、なぜだか、友人や学校の先生、近所の人、前の会社の上司、従業員、お客様などたくさんの人の顔が目に浮かび、その人たちから「してもらったこと」も思い出された。そんなみんなへの感謝の念も感じながら、多くの人に生かしてもらっているということを実感した貴重な体験だった。

話を戻すが、私は、陽明学の第一人者、難波征男先生から学んだことがきっかけで、沖縄と東京で陽明学の代表的な書『伝習録』を使った自主的な勉強会を開催している。

そこに参加される経営者の方は、「日常的には数字のことや損得をどうしても優先してしまう。しかし毎月1回、この場があることで、そのような自分を反省するとともに、いま悩んでいる課題の解決の糸口が必ず見つかる。しかも、その課題はたいてい自分が私心にとらわれているからで、良心で考えたらすぐに何をすべきかわかるものがほとんどだ。この勉強会で、気づいて決定した内容はほぼ100%間違わない」と言われた。

また、勉強会に参加されているN社長は、近い将来、会社を息子に譲ることを検討していた。いかにスムーズに代替わりをするのか、銀行、会計士、コンサルタント、いろいろ専門家のアドバイスを受けていた。みんな親身になってアドバイスをしてくれた。しかし、すべてが、株価を下げて、事業承継するコストをいかに下げるかという視点からだったという。N社長はそこに違和感を覚えた。確かに、事業承継のコストを下げることは大切だが、事業承継はコストだけの問題ではない。関わるすべての人が幸せにならなければならないという思いが心の奥底にあり、ややもやしていたのだ。陽明学を学び続け、自分の「良心」をしっかり感じ取れたとき、「自分のその心の奥底の思いは間違っていない」と確信できた。そして、コストの視点だけに囚われない、多少コストはかかっても、本当にみんなが幸せになる事業承継の方法を決定できたという。

自らの高まりを周囲にシェアする

温める会社の経営者は、いままで紹介してきた通り、自らの人格を高めることに余念がない。そして、特徴的なのが、そこにとどまらないことだ。得た気づきを社内や同業者の仲間など自分の周囲と積極的にシェアしている。

あるマーケティングの先生のセミナーで聞いたことだが、セミナーの内容を一番効果的に自らに取り入れる方法は、受講してから72時間以内に、「まず、やってみる」「そして、その内容について自分なりに工夫を凝らして深める」「その結果について誰かに伝える」の3点セットを実行することだそうだ。なかでも一番のポイントは、「誰かに伝える」ことだという。

人は伝えることで、自分の頭の中の整理になるし、そうすることで、フィードバックがあったり、新たな知見を得られたりして、一気に成長するらしい。

温める会社の経営者は、この伝える＝シェアするを自然とやっていることが多い。

M社長は、創業から100年近くなる会社の3代目だ。会社の業績も常に好調であり、本業からぶれないようにしながらも、常に新しいことにチャレンジし続けている。そのサジ加減が絶妙で、周囲から尊敬されている。そのM社長は、経営者仲間の会合などで、自分が見つけたオススメの本やセミナー、事業コンセプトなどをいつもオープンに話される。それは、まさに先ほどのコンサルタントが言っていたように、自ら仕入れたネタを試してみて、自分なりに工夫をして深め、そして、自分なりに考察した結果も含めて周囲に話すという3点セットを見事に実行している。

たとえば、行動指針をつくる際も、まずはご自身で学ばれたことを周囲の経営者とシェアし、その仲間を巻き込んで、アメリカまで企業視察に行った。その後、会社の中で浸透させていきながら、共感する他企業と合同で研修を行い、自社の行動指針を作成した。さらに、試行錯誤そのものを周囲とシェアしていき、そのフィードバックも活かしながら、自社に合った行動指針へと深化させていった。

Ｍ社長は常々、社内で能力が高いだけでは意味がない。プライベートも含めて実社会全体で、よき人、よき地球人としての能力が高くなければいけないという考えを発信している。ご自身も経営に関することから、習字などの教養まで多分野において率先してよく学ばれており、その習得したことを周囲とシェアしている。

このように経営者が実践して、または習得してよいと思ったことを社内や周囲とシェアしていくと、それはスポンジに水が染み込むようにすっと全体に馴染んでいく。

先日も少人数のある勉強会に参加したが、そこには東証一部上場企業の経営者が２名参加していた。２人ともまずは自分のものとするために２日間、宿題もこなしながら懸命に学ばれている姿が印象的だった。

反対に**冷やす会社の経営者は、セミナーなどで教わったことを自分では実践せずに従業員にやらせようとする。**そもそも、**セミナーを受講したり、本を読んだりするときの動機が、「従業員にやらせるいいものはないか！」というところにある**からである。

こうなると、自分自身が経験していないから、話していることに迫力もなく、また、「やらせよう」という意思を従業員側は敏感に察知して、社内に抵抗感のようなものが生まれ、うまくいかないことが多いようだ。

良心を発揮した自分が一番心地よいことを知っている

最後に、温める会社の経営者が、なぜ温める組織をつくっているのかだ。「そのほうが儲かるから」。こういう想いでやっている人はほとんどいない。そうしたほうが自分が心地よいことを知っているからだ。

儒学の考えでいう「良知」である。良知については、すでに第1章で紹介した。良知とは、「本来知っていること」だ。人間は、誰かに教わらずとも「そうしたほうがいい」ということを知っている。それが、「良知」である。

「知っている」というのは、「頭で知識として知っている」ということではない。良知の働きに従って行動したときに感じる「感覚」を知っているということだ。

つまり、周囲を温める行動を自分が能動的に行っているとき、そのとき、自分の心の中に湧き上がってくる「心地よい」感覚を知っているということだ。

この感覚を知っていたら、自動発動的にそれを繰り返してしまう。これが、陽明学で王陽明が言うところの、「知行合一《ちこうごういつ》」している状態だ。「知行合一」とは、「行わないことということは、まだ知らないということ」だ。「知らない」というのは、知識ではなく、それを行ったときの「感覚を知らない」ということだ。

ある空手の師範がこんなことを言っていた。

「このビールが美味しいのかどうか、どうしたらわかるか。『こんな成分が何パーセント含まれているから美味しい』と言っても何の意味もないし、それでは遅い。その場で飲んだら一発でわかる」

頭で考えて分析しても本当に美味しいかどうかなんてわからない。美味しいかどうかは飲んでみたら自分の感性で瞬時にわかる。分析して美味しいとわかっても、飲もうとは思わないが、感覚で美味しいと知っていたら、それが目の前にあったら瞬時に手に取ってしまう。

少したとえが下世話だったかもしれないが、知行合一とは、知っていることと行動が分かれていない状態であり、それは心で知っているという状態のことである。

温める会社の経営者は、この知行合一の状態、そのときの心地よい感覚に従っているだけなのである。

経営者自身が、自らを高める努力をして、自ら経験し、そのときに得た感覚を従業員や取引先などと共有している。そして彼らはそうすることが、自分にとって最も心地よいということを知っているのだ。

おわりに

ビジネス書なのに、なんだかもやもやする本だったかもしれない。

数的な根拠が出てこない。良心だとか、心に聞けだとか、目に見えないものについて話している。

私自身もビジネス書でこのような抽象的なことを書いていいのだろうかという迷いがあった。

しかし、これからの人の集まるいい会社について考え、経営者も含めた働く人の幸せについて考えれば考えるほど、答えは「心」の世界にしか行き着かなかった。

先日、とある病院の理事長と話をした。今度その病院主催で講演会を行うという。

講演される方は、数年前まで有名国立大学付属病院で院長までやられた名医。

その講演内容は、「目に見えないものの大切さ」であるという。数々の難病の執刀にも当たられてきた先生がたどりついたのは、「健康で幸福に生きるために、目に見えないものを大切にする」ということだそうだ。

まさに時代は、目に見えるものや論理的な世界だけでは解決できないところに来ているのではないだろうか。

その少し前には、アフリカにも進出されている経営者の方と話をした。13歳のときに芸能界デビューし、20歳までテレビにラジオにコンサートにと活躍されていた方だ。

彼女は、「『頭で考えるのではなく、自分の心の奥底から湧き出てくるもの』と自分がいままさにやろうとしていることが一致したときには間違わない」「『本当にやりたいことは何なのか』、自分の心と対話していると間違わない」と言った。つまり、自分の心に聞いたら答えを教えてくれるということなのだ。

今回この本の中でお伝えしたことは、違った言い方をすれば、「心の声を聞く経営」ということなのかもしれない。心の声を聞くとは、自分の良心と対話するということだ。

良心は、周囲に思いやりを持って接したり、寄り添ったり、悲しんでいる人がいたら慰めることを知っている。それだけでなく、危険回避の方法なども知っている。

その心の声の通りに経営していったら間違わないし、ストレスからも遠のく。

何をすればいいか、心はすべて知っているからだ。

あとは、その自分の心の声が正しいということを自分自身がどれだけ信用できるかだ。

その方法は、自分の心を信じて、そのままにやってみるしかない。やってみて「心は間違わなかった」という経験を重ねることで、徐々に心と信頼関係ができあがってくるのだと思う。

こんな偉そうなことを書いているが、私はいままで、一緒に働いてくれたスタッフをはじめ、多くの人たちの心を冷やしてきた。まさに私の前から人が逃げ出していった。自分自身の未熟さに情けなくなったり、申し訳ない気持ちでいっぱいになったりもする。

そんな私とお付き合いくださり、人が集まる会社、人が集まる経営者を目の前で体現して教えてくださった、多くの方々に心から感謝を申し上げたい。

みなさんと出会わなかったら、このような大切なことに気づくことはなかった。

アリストテレスは、「人生の最終目的は幸せ以外にありえないと断言し、他の目標はすべて、究極的には幸せを達成するための手段でしかない」と言ったという。

私にはこの考えがしっくりくる。

会社を経営すること、会社で働くことも幸福につながらないといけない。そして、人との心のつながりがダイレクトに感じられる会社ほど、人が集まり、人から選ばれる会社になるのではないかと私は信じている。

下田直人

1974年生まれ。2002年社会保険労務士として開業。2005年『なぜ、就業規則を変えると会社は儲かるのか?』(大和出版)を出版し、就業規則に対する中小企業、社会保険労務士の概念を変える。以来、「就業規則の神様」と呼ばれ、全国にクライアントを持つとともに、全国の社労士の指導もする。2014年カンボジアにある「伝統の森」を訪れたことをきっかけに、人間がもっとのびのびと人間らしく生きる生き方を提唱すべく、まずは、自分が沖縄に移住する。その際、社労士としての仕事はセミリタイアする。現在では、毎月東京と沖縄を往復するデュアルライフを送りながら、陽明学を通した生き方を学ぶ「えびす大学」を東京、沖縄、WEB上で展開するほか、沖縄の海や森の自然を利用した研修を実施している。また2017年7月に、沖縄県名護市に古民家を改装した、「運命図書館」をコンセプトにしたブックカフェをオープンし、本を通した幸せな空間を提供している。2018年2月からは「ラジオ　運命図書館」のパーソナリティーを務める。

下田直人公式ホームページ

http://shimodanaoto.com

講談社＋α《プラスアルファ》新書　**804-1 C**

人《ひと》が集《あつ》まる会社《かいしゃ》　人《ひと》が逃《に》げ出《だ》す会社《かいしゃ》

下《しも》田《だ》直《なお》人《と》

2018年12月13日第1刷発行

発行者——**渡瀬昌彦**

発行所——**株式会社 講談社**

東京都文京区音羽2-12-21 〒112-8001

電話　編集(03)5395-3522

販売(03)5395-4415

業務(03)5395-3615

デザイン——**鈴木成一デザイン室**

カバー印刷——**共同印刷株式会社**

印刷——**凸版印刷株式会社**

製本——**株式会社国宝社**

Printed in Japan

ISBN978-4-06-514383-4

講談社＋α新書

人は死ぬまで結婚できる 晩婚時代の幸せのつかみ方
大宮冬洋
80人以上の「晩婚さん」夫婦の取材から見えてきた、幸せ、課題、婚活ノウハウを伝える
840円 788-1 A

サラリーマンは３００万円で小さな会社を買いなさい 人生１００年時代の個人M&A入門
三戸政和
脱サラ・定年で飲食業や起業に手を出すと地獄が待っている。個人M&Aで資本家になろう！
840円 789-1 C

名古屋円頓寺《えんどうじ》商店街の奇跡
山口あゆみ
「野良猫さえ歩いていない」シャッター通りに人波が押し寄せた！ 空き店舗再生の逆転劇！
800円 790-1 C

少子高齢化でも老後不安ゼロ **シンガポールで見た日本の未来理想図**
花輪陽子
日本を救う小国の知恵。1億総活躍社会、経済成長率3・5％、賢い国家戦略から学ぶこと
860円 791-1 C

マツダがＢＭＷを超える日 クールジャパンからプレミアムジャパン・ブランド戦略へ
山崎明
日本企業は薄利多売の固定観念を捨てなさい。新プレミアム戦略で日本企業は必ず復活する！
880円 792-1 C

知っている人だけが勝つ **仮想通貨の新ルール**
小島寛明＋ビジネスインサイダージャパン取材班
仮想通貨は日本経済復活の最後のチャンスだ。この大きな波に乗り遅れてはいけない
840円 793-1 C

夫婦という他人
下重暁子
67万部突破『家族という病』、27万部突破『極上の孤独』に続く、人の世の根源を問う問題作
780円 794-1 A

ＡＩで私の仕事はなくなりますか？
田原総一朗
グーグル、東大、トヨタ……「極端な文系人間」の著者が、最先端のＡＩ研究者を連続取材！
860円 796-1 C

本社は田舎に限る
吉田基晴
徳島県美波町に本社を移したＩＴベンチャー企業社長。全国注目の新しい仕事と生活スタイル
860円 797-1 C

50歳を超えても脳が若返る生き方
加藤俊徳
寿命１００年時代は50歳から全く別の人生を！ 今までダメだった人の脳は後半こそ最盛期に!!
880円 798-1 B

99％の人が気づいていないビジネス力アップの基本100
山口博
アイコンタクトからモチベーションの上げ方まで。「できる」と言われる人はやっている
860円 799-1 C

表示価格はすべて本体価格（税別）です。本体価格は変更することがあります